Einstern

Mathematik für Grundschulkinder

3

Themenheft 3

- Schriftliche Addition
- Größenbereich Zeit

Erarbeitet von Roland Bauer und Jutta Maurach

In Zusammenarbeit mit der
Cornelsen Redaktion Grundschule

Cornelsen

Einstern 3

Mathematik für Grundschulkinder
Themenheft 3
Schriftliche Addition
Größenbereich Zeit

Erarbeitet von: Roland Bauer, Jutta Maurach
Fachliche Beratung: Prof'in Dr. Silvia Wessolowski
Fachliche Beratung exekutive Funktionen: Dr. Sabine Kubesch, INSTITUT BILDUNG plus, im Auftrag des ZNL TransferZentrum für Neurowissenschaften und Lernen, Ulm
Redaktion: Peter Groß, Friederike Thomas, Uwe Kugenbuch
Illustration: Yo Rühmer
Umschlaggestaltung: Cornelia Gründer, agentur corngreen, Leipzig
Layout und technische Umsetzung: lernsatz.de

fex

fex steht für *Förderung exekutiver Funktionen*. Hierbei werden neueste Erkenntnisse der kognitiven Neurowissenschaft zum spielerischen Training exekutiver Funktionen für die Praxis nutzbar gemacht. **fex** wurde vom **ZNL TransferZentrum für Neurowissenschaften und Lernen** *(www.znl-ulm.de)* an der Universität Ulm gemeinsam mit der **Wehrfritz GmbH** *(www.wehrfritz.com)* ins Leben gerufen. Der Cornelsen Verlag hat in Kooperation mit dem ZNL ein Konzept für die Förderung exekutiver Funktionen im Unterrichtswerk *Einstern* entwickelt.

Bildnachweis
6, 7, 13, 14 ©Europäische Zentralbank **35** Peter Groß, Berlin

www.cornelsen.de

1. Auflage, 6. Druck 2022

Alle Drucke dieser Auflage sind inhaltlich unverändert
und können im Unterricht nebeneinander verwendet werden.

Druck: Parzeller print & media GmbH & Co. KG, Fulda

ISBN 978-3-06-081786-3
ISBN 978-3-06-084233-9 (E-Book: alle Themenhefte Einstern 3)

PEFC
PEFC/04-31-1308

PEFC zertifiziert
Dieses Produkt stammt aus nachhaltig bewirtschafteten Wäldern und kontrollierten Quellen.
www.pefc.de

Inhaltsverzeichnis

Zeit

386 + 577 =
386
+577
1 1
963
... 97, 98, 99, 100
Jetzt lernst du, wie man schriftlich addiert und mit Uhrzeiten umgeht.
addieren:
Plusaufgaben lösen

Geldbeträge legen und sortieren

1 Bestimme, wie viel die Kinder eingenommen haben:

a)

234 €

b)

c) insgesamt: ____________

2 Lege die Geldbeträge in geordneter Form untereinander. Ermittle die Einnahmen.

a) Getränke | Flohmarkt

657 €

b) Kuchenverkauf | Grillstand

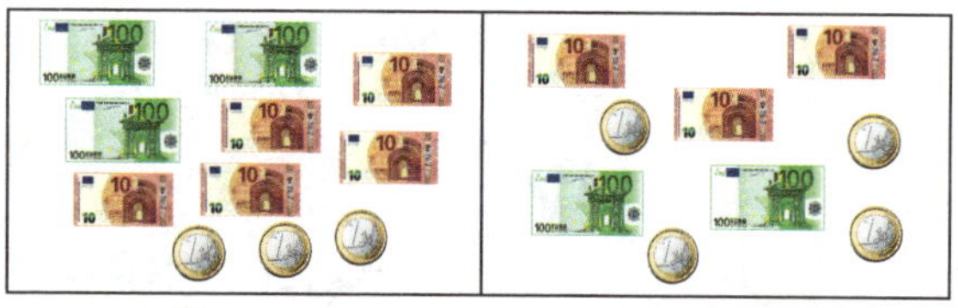

c) Salate | Pizza

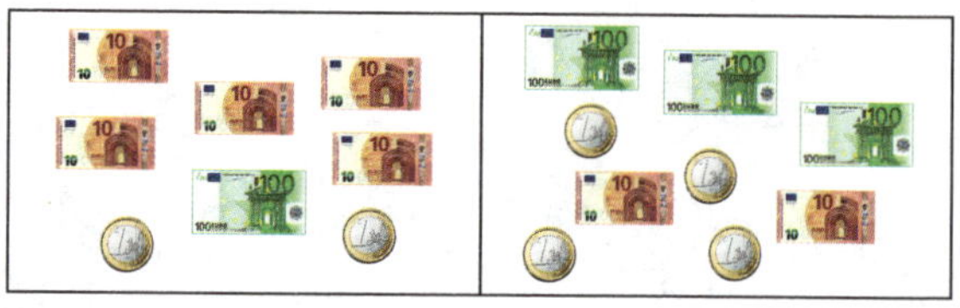

d) Losverkauf | Zirkusvorstellung

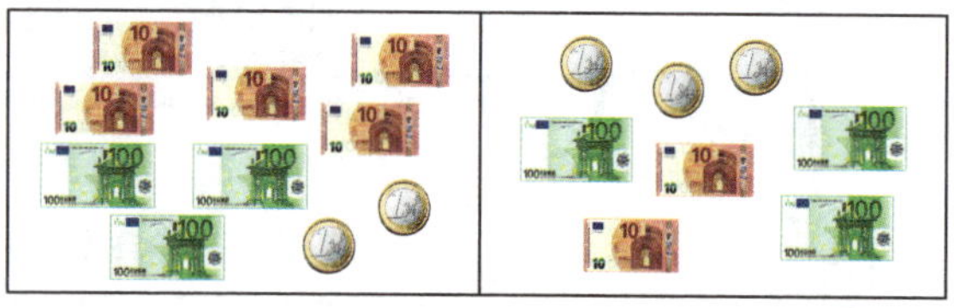

e) Belegte Brötchen | Butterbrezeln

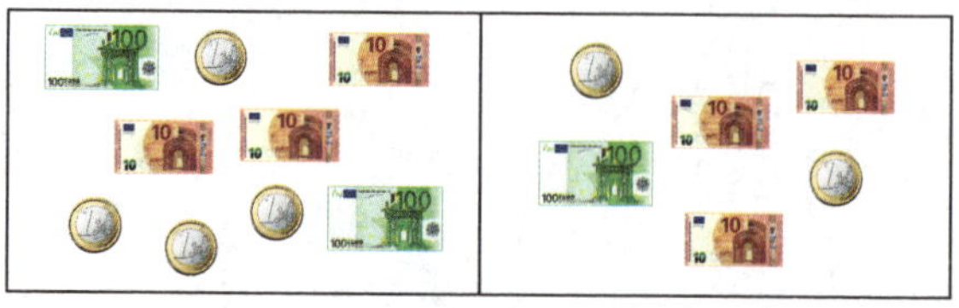

* übersetzen Problemstellungen einer Sachsituation in ein mathematisches Modell
* legen Geldbeträge mit Rechengeld stellengerecht untereinander und addieren sie

Geldbeträge in die Stellentafel übertragen

Hunderter	Zehner	Einer
6	5	7

	H	Z	E
	2	3	4
+	4	2	3
	6	5	7

1 Addiere die Geldbeträge. Übertrage sie dazu in eine Stellentafel.
Addiere die einzelnen Stellen von unten nach oben. Beginne mit den Einern.

a)

Hunderter	Zehner	Einer
5	8	7

	H	Z	E
	3	5	3
+	2	3	4
	5	8	7

b)

Hunderter	Zehner	Einer

	H	Z	E
+			

c)

Hunderter	Zehner	Einer

	H	Z	E
+			

★ übertragen von der konkret handelnden Ebene in die symbolische Darstellung in der Stellentafel
★ lösen Aufgaben zur Addition im Zahlenraum bis 1 000

Additionsaufgaben in der Stellentafel darstellen

Hunderter	Zehner	Einer
□□□	IIII	••
□□	IIIII	••••
5	9	6

1 Übertrage die beiden dargestellten Zahlen in eine Stellentafel. Addiere die einzelnen Stellen von unten nach oben. Beginne mit den Einern.

a)

Hunderter	Zehner	Einer
□□□□	II	•••
□□□	IIIII	••••• •

	H	Z	E
+			

b)

Hunderter	Zehner	Einer
□□□□□	IIII	••••
□□□	IIIII	•••

	H	Z	E
+			

2 Zeichne Rechenbilder zu den Additionsaufgaben.

a) 234 + 142

Hunderter	Zehner	Einer

b) 325 + 241

Hunderter	Zehner	Einer

★ nutzen planvoll und systematisch die Struktur des Zehnersystems
★ übertragen eine Darstellung in eine andere

In der Stellentafel addieren (1)

Beachte:
Beginne bei den Einern.
Rechne von unten nach oben.

1 Löse die Aufgaben und sprich dazu.
Bitte ein anderes Kind, deine Sprechweise zu überprüfen.

a)

	H	Z	E
	4	5	6
+	1	3	2

b)

	H	Z	E
	1	2	3
+	4	1	2

c)

	H	Z	E
		5	6
+	3	2	1

d)

	H	Z	E
	2	3	0
+	5	0	6

2 Löse die Aufgaben. Kontrolliere selbst mit den Lösungen in den Sternen.

a)

	H	Z	E
	4	2	3
+	2	6	5
			8

b)

	H	Z	E
	3	1	7
+	4	5	2

c)

	H	Z	E
	7	4	4
+		5	3

d)

	H	Z	E
	5	3	8
+	3	6	0

e)

	H	Z	E
	7	2	5
+	1	6	4

f)

	H	Z	E
	8	2	0
+		5	7

g)

	H	Z	E
	3	0	2
+	4	8	5

h)

	H	Z	E
	6	5	4
+	3	2	5

i)

	H	Z	E
	2	6	4
+	5	3	3
+	1	0	2

k)

	H	Z	E
	7	0	4
+	1	8	3
+		1	2

l)

	H	Z	E
	4	6	3
+	1	2	4
+	1	1	1

m)

	H	Z	E
	1	5	3
+		1	4
+	8	3	2

688 698 769 787 797 877 889 898 899 899 979 999

⋆ nutzen planvoll und systematisch die Struktur des Zehnersystems

In der Stellentafel addieren (2)

1 Übertrage die Aufgaben in die Stellentafeln und löse sie. Kontrolliere selbst.

a) 413 + 274

	H	Z	E
	4	1	3
+	2	7	4

b) 734 + 255

	H	Z	E
+			

c) 641 + 138

	H	Z	E
+			

d) 74 + 925

	H	Z	E
+			

e) 316 + 423

	H	Z	E
+			

f) 325 + 203

	H	Z	E
+			

g) 517 + 72

	H	Z	E
+			

h) 306 + 510

	H	Z	E
+			

i) 333 + 412 + 34

	H	Z	E
+			
+			

k) 56 + 521 + 222

	H	Z	E
+			
+			

l) 413 + 156 + 320

	H	Z	E
+			
+			

m) 232 + 63 + 404

	H	Z	E
+			
+			

528 589 687 699 739 779 779 799 816 889 989 999

2 Trage passende Zahlen ein.

a)

	H	Z	E
+			
	5	7	9

b)

	H	Z	E
+			
	8	8	8

c)

	H	Z	E
+			
	9	3	6

d)

	H	Z	E
+			
	7	0	7

e)

	H	Z	E
+			
+			
	9	9	9

f)

	H	Z	E
+			
+			
	6	5	2

g)

	H	Z	E
+			
+			
	7	8	6

h)

	H	Z	E
+			
+			
	9	8	0

← 8 5 6   ← 3 6 9 8   ← 7 2 5 8 6   13 14 11

* nutzen planvoll und systematisch die Struktur des Zehnersystems
* übertragen eine Darstellung in eine andere

→ Ü Seite 22

Zahlen untereinanderschreiben und addieren

Beachte:
Einer unter Einer
Zehner unter Zehner
Hunderter unter Hunderter

1 Schreibe die Zahlen richtig untereinander und berechne das Ergebnis.

a) 252 + 413 = ___
b) 504 + 93 = ___
c) 235 + 464 = ___
d) 21 + 371 = ___

2 Schreibe die drei Zahlen richtig untereinander und berechne das Ergebnis.

a) 423 + 32 + 314 = ___
b) 165 + 313 + 21 = ___
c) 671 + 205 + 13 = ___
d) 331 + 15 + 443 = ___

3 Berechne das Ergebnis. Stelle jeweils selbst eine Aufgabe zusammen, die das gleiche Ergebnis hat.

a) 135 + 542 = ___   ___ + ___ = ___
b) 231 + 145 + 523 = ___   ___ + ___ + ___ = ___

4 Setze die fehlenden Ziffern ein.

a)

	H	Z	E
	3		1
+	4	9	
		9	5

b)

	H	Z	E
	3		1
+		8	
	6	9	3

c)

	H	Z	E
	8	3	
+			5
	9	7	7

d)

	H	Z	E
			6
+		4	
	7	7	7

e)

	H	Z	E
		5	4
+	4		
	4	6	8

* nutzen planvoll und systematisch die Struktur des Zehnersystems
* wenden das Verfahren der schriftlichen Addition an

1 Berechne die gesuchten Zahlen durch schriftliches Addieren.

a) Wenn du zu der gesuchten Zahl 413 addierst, erhältst du 654.

b) Die gesuchte Zahl erhältst du, wenn du 312 und 345 addierst.

c) Wenn du zu 523 die gesuchte Zahl addierst, erhältst du 857.

d) Addiert man die beiden gesuchten Zahlen, ergibt das 745. Finde mindestens drei Lösungen.

e) Besprich deine Vorgehensweise und deine Lösungen mit einem anderen Kind.

2 Löse die Knobelaufgaben. Besprich deine Vorgehensweise und deine Lösungen mit einem anderen Kind.

a) Bilde unterschiedliche dreistellige Zahlen mit den Zahlenkärtchen [1][2][3]. Findest du alle?

b) Schreibe immer zwei der Zahlen aus a) untereinander und addiere sie. Wie viele verschiedene Aufgaben findest du?

c) Welche beiden Zahlen mit den Ziffern 1, 2, 3 kannst du bilden und addieren, um die Summe 444 zu erhalten? Finde zwei verschiedene Lösungen.

d) Bilde zwei unterschiedliche Zahlen so, dass bei der Addition das größte mögliche Ergebnis entsteht.

e) Bilde zwei unterschiedliche Zahlen so, dass bei der Addition das kleinste mögliche Ergebnis entsteht.

f) Welche beiden Zahlen mit den Ziffern 1, 2, 3 ergeben addiert 534? Finde zwei verschiedene Lösungen.

g) Überlege dir drei verschiedene Ziffern. Bilde mit ihnen zwei unterschiedliche dreistellige Zahlen, deren Summe 666 ist. Finde zwei verschiedene Lösungen.

* verwenden die Fachbegriffe beim Lösen von Zahlenrätseln richtig
* wenden ihre mathematischen Kenntnisse, Fähigkeiten und Fertigkeiten bei der Bearbeitung herausfordernder Aufgaben an
* probieren zunehmend systematisch und zielorientiert

327 € + 135 €

Hunderter	Zehner	Einer
4	5	12
4	6	2

1 Lege die Aufgabe mit Rechengeld, tausche Einer in Zehner und löse die Aufgaben.

a) 218 € + 456 €

Hunderter	Zehner	Einer

b) 436 € + 247 €

Hunderter	Zehner	Einer

c) 358 € + 34 €

Hunderter	Zehner	Einer

d) 362 € + 218 €

Hunderter	Zehner	Einer

Geldbeträge legen und Zehner in Hunderter umtauschen

274 € + 361 €

Hunderter	Zehner	Einer
5	13	5
6	3	5

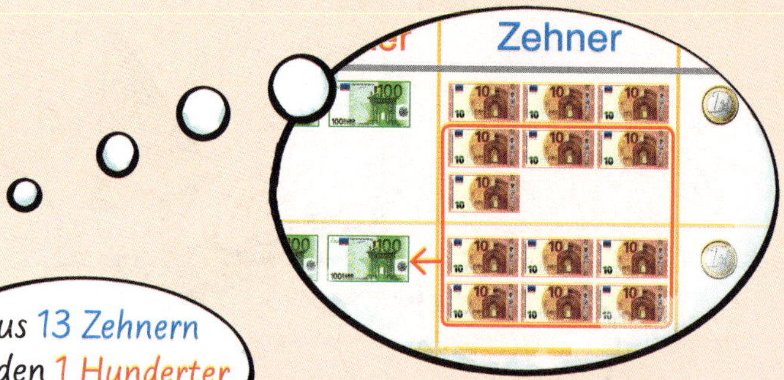

1 Lege die Aufgabe mit Rechengeld, tausche Zehner in Hunderter und löse die Aufgaben.

a) 295 € + 423 €

Hunderter	Zehner	Einer

b) 194 € + 323 €

Hunderter	Zehner	Einer

c) 481 € + 147 €

Hunderter	Zehner	Einer

d) 552 € + 253 €

Hunderter	Zehner	Einer

★ nutzen planvoll und systematisch die Struktur des Zehnersystems
★ wechseln Geldbeträge

Additionsaufgaben mit Übertrag in der Stellentafel darstellen (1)

476 + 218

H	Z	E
□□□□	|||||||	......
□□			....
6	8	14
6	9	4

1 Zeichne Rechenbilder zu den Additionsaufgaben. Rechne. Tausche um, wenn nötig.

a) 257 + 123

Hunderter	Zehner	Einer

b) 341 + 285

H	Z	E

c) 163 + 372

Hunderter	Zehner	Einer

d) 581 + 342

H	Z	E

e) 156 + 36

Hunderter	Zehner	Einer

f) 85 + 172

H	Z	E

* nutzen planvoll und systematisch die Struktur des Zehnersystems
* übertragen eine Darstellung in eine andere
* lösen Aufgaben zur Addition im Zahlenraum bis 1 000

1 Übertrage die Rechenbilder in eine Stellentafel und addiere die Zahlen. Tausche um, wenn nötig.

a)

H	Z	E
□□□	||||	·····
□□	|||||| ||	···

	H	Z	E
+			

b)

H	Z	E
□	|||||	······ ···
□□		····

	H	Z	E
+			

c)

H	Z	E
□□	|||||| |||	····
□□	|||	·····

	H	Z	E
+			

2 Übertrage die dargestellten Zahlen in eine Stellentafel.
Addiere von unten nach oben. Tausche um, wenn nötig.

a) □□□|||||····· ··
□||····

	H	Z	E
+			

b) □□□□·····
□□||·····

	H	Z	E
+			

c) □□□□□|||····
|||····· ···

	H	Z	E
+			

d) □□|||||| ||·····
□□□□|····· ·

	H	Z	E
+			

e) □□□□□|||····
||||| ||··

	H	Z	E
+			

f) □□|||||| |||···
□□□□||||||·

	H	Z	E
+			

← 7 6 8   ← 4 5 2 9   ← 6 3 7 4 5   11 13 15

* nutzen planvoll und systematisch die Struktur des Zehnersystems
* übertragen eine Darstellung in eine andere
* lösen Aufgaben zur Addition im Zahlenraum bis 1 000

Mit ägyptischen Zahlzeichen rechnen

Erinnerst du dich an die ägyptischen Zahlzeichen?

Eine Einkerbung in einem Kerbholz war die Zahl 1: 𓏺

Das Joch der Ochsengespanne wurde für die Zahl 10 genommen: 𓎆

Das Maßband der Landvermesser erhielt den Zahlenwert 100: 𓍢

Die Lotusblume wurde zum Zeichen für die Zahl 1 000: 𓆼

1 Hier siehst du eine Aufstellung der Tiere, die ein ägyptischer Pharao besaß. Wie viele Tiere sind es jeweils?

a) 
𓍢𓍢𓍢
𓎆𓎆𓎆𓎆𓎆 𓎆
𓏺𓏺
362 Ziegen

b) 
𓍢𓍢𓍢𓍢𓍢
𓎆𓎆𓎆
𓏺𓏺𓏺𓏺𓏺 𓏺
____ Schafe

c) 
𓍢𓍢𓍢
𓎆𓎆𓎆𓎆𓎆 𓎆𓎆
𓏺𓏺𓏺𓏺𓏺
____ Ochsen

d) 
𓍢𓍢
𓎆𓎆𓎆𓎆𓎆
𓏺𓏺𓏺𓏺𓏺 𓏺𓏺
____ Gänse

2 Schreibe die Additionsaufgaben mit ägyptischen Zahlzeichen und mit unseren Zahlen in dein Heft. Addiere. Tausche um, wenn nötig.

a) Ziegen und Gänse
b) Ziegen und Ochsen
c) Schafe und Gänse
d) Ziegen und Schafe

Seite 17 Aufgabe 2

a)

				H	Z	E
𓍢𓍢𓍢	𓎆𓎆𓎆𓎆𓎆 𓎆	𓏺𓏺		3	6	2
𓍢𓍢	𓎆𓎆𓎆𓎆𓎆	𓏺𓏺𓏺𓏺𓏺 𓏺𓏺	+	2	5	7
𓍢𓍢𓍢𓍢𓍢	𓎆𓎆𓎆𓎆𓎆 𓎆𓎆𓎆𓎆𓎆 𓎆	𓏺𓏺𓏺𓏺𓏺 𓏺𓏺𓏺𓏺		5	11	9
𓍢𓍢𓍢𓍢𓍢 𓍢	𓎆	𓏺𓏺𓏺𓏺𓏺 𓏺𓏺𓏺𓏺		6	1	9

b) ...

3 Bestimme, wie viele Tiere der Pharao bei seinen Feldzügen erbeuten konnte.

a) Erster Feldzug
vorher: 𓍢𓍢𓍢𓎆𓎆𓎆𓏺𓏺𓏺𓏺𓏺 𓏺𓏺
nachher: 𓍢𓍢𓍢𓎆𓎆𓎆𓎆𓏺𓏺
5 Tiere

b) Zweiter Feldzug
vorher: 𓍢𓍢𓍢𓍢𓎆𓎆𓎆𓎆
nachher: 𓍢𓍢𓍢𓍢𓍢𓎆𓎆𓎆
____ Tiere

c) Dritter Feldzug
vorher: 𓍢𓍢𓍢𓍢𓍢 𓎆𓎆𓏺𓏺𓏺𓏺
nachher: 𓍢𓍢𓍢𓍢𓍢 𓍢𓎆𓎆𓎆𓏺𓏺𓏺𓏺
____ Tiere

d) Vierter Feldzug
vorher: 𓍢𓍢𓍢𓎆𓎆𓎆𓎆𓎆 𓎆𓏺𓏺𓏺𓏺
nachher: 𓍢𓍢𓍢𓍢𓎆𓎆𓎆𓎆𓎆 𓎆𓎆𓏺
____ Tiere

⋆ nutzen planvoll und systematisch die Struktur des Zehnersystems

Mit der Übertragszahl beim Einer umgehen

1 Rechne und sprich wie Einstern.

a)

H	Z	E
5	4	3
+ 2	3	9

b)

H	Z	E
2	5	7
+ 3	3	6

c)

H	Z	E
4	8	5
+ 2	0	7

d)

H	Z	E
3	1	8
+ 4	6	4

e)

H	Z	E
6	1	6
+ 2	3	7

2 Rechne und sprich wie Einstern.

a) 427 + 257 = ____

b) 235 + 248 = ____

c) 425 + 216 = ____

d) 346 + 428 = ____

e) 538 + 347 = ____

3 Schreibe die Zahlen richtig untereinander. Berechne das Ergebnis.

a) 365 + 227 b) 628 + 318 c) 456 + 38 d) 36 + 254 e) 507 + 289

⋆ nutzen planvoll und systematisch die Struktur des Zehnersystems
⋆ wenden das Verfahren der schriftlichen Addition an

1 Rechne und sprich wie Einstern.

a)

	H	Z	E
	2	4	3
+	3	7	4

b)

	H	Z	E
	3	5	6
+	4	7	2

c)

	H	Z	E
	5	5	7
+	2	8	1

d)

	H	Z	E
	7	3	4
+	1	9	5

e)

	H	Z	E
	1	8	5
+	3	4	4

2 Rechne und sprich wie Einstern.

a)
```
  1 7 4
+ 6 4 5
-------
```
b)
```
  3 5 7
+ 2 7 2
-------
```
c)
```
  4 4 4
+ 3 6 5
-------
```
d)
```
  5 8 1
+ 3 6 5
-------
```
e)
```
  2 6 3
+ 4 7 3
-------
```

3 Schreibe die Zahlen richtig untereinander. Berechne das Ergebnis.

a) 274 + 352 b) 534 + 93 c) 458 + 270 d) 64 + 445 e) 380 + 487

In der Stellentafel mit einer Übertragszahl addieren

1 Löse die Aufgaben. Denke an die Übertragszahl. Kontrolliere selbst.

a)

	H	Z	E
	6	5	2
+	2	3	9
			1

b)

	H	Z	E
	4	6	8
+	3	1	7

c)

	H	Z	E
	2	1	6
+	3	5	4

d)

	H	Z	E
	3	0	7
+	5	6	5

e)

	H	Z	E
	2	6	6
+	4	8	2

f)

	H	Z	E
	5	2	7
+	2	9	2

g)

	H	Z	E
	3	2	5
+	4	9	1

h)

	H	Z	E
	2	7	0
+	6	6	6

570 748 785 816 819 872 891 936

2 Übertrage die Aufgaben in die Stellentafeln und löse sie. Kontrolliere selbst.

a) 472 + 377

	H	Z	E
	4	7	2
+			

b) 31 + 649

	H	Z	E
+			

c) 309 + 565

	H	Z	E
+			

d) 285 + 362

	H	Z	E
+			

647 664 680

e) 385 + 232 + 321

	H	Z	E
+			
+			

f) 416 + 246 + 132

	H	Z	E
+			
+			

g) 223 + 309 + 132

	H	Z	E
+			
+			

h) 292 + 61 + 424

	H	Z	E
+			
+			

777 794 849 874 938

3 Setze die fehlenden Ziffern ein.

a)

	H	Z	E
	6		4
+		7	3
	9	2	

b)

	H	Z	E
	6		7
+	2	3	
		6	5

c)

	H	Z	E
	2	3	
+	6		7
		6	1

d)

	H	Z	E
		8	7
+	4	7	
	9		9

* nutzen planvoll und systematisch die Struktur des Zehnersystems
* wenden das Verfahren der schriftlichen Addition an

→ Ü Seite 23

In der Stellentafel mit zwei Übertragszahlen addieren

1 Löse die Aufgaben. Denke an die Übertragszahlen. Kontrolliere selbst.

a)

	H	Z	E
	5	6	4
+	3	7	8
			2

b)

	H	Z	E
	3	7	2
+	2	5	8

c)

	H	Z	E
	4	7	7
+		9	8

d)

	H	Z	E
		1	5
+	8	9	9

e)

	H	Z	E
	3	5	4
+	2	6	7

f)

	H	Z	E
	1	9	9
+	5	5	5

g)

	H	Z	E
	4	4	4
+		9	9

h)

	H	Z	E
	1	9	9
+	6	8	9

i)

	H	Z	E
	3	1	5
+	4	6	6
+	1	7	8

k)

	H	Z	E
	5	7	8
+		9	2
+	1	0	9

l)

	H	Z	E
	3	6	8
+	2	4	5
+	3	6	1

m)

	H	Z	E
	1	6	9
+			8
+	3	8	1

543 558 575 621 630 754 779 888 914 942 959 974

2 Übertrage die Aufgaben in die Stellentafeln und löse sie. Kontrolliere selbst.

a) 568 + 257 + 133

	H	Z	E
	5	6	8
+			
+			

b) 465 + 9 + 372

	H	Z	E
+			
+			

c) 187 + 513 + 51

	H	Z	E
+			
+			

d) 273 + 67 + 359

	H	Z	E
+			
+			

699 751 846 958

3 Trage passende Zahlen so ein, dass du folgende Überträge und Ergebnisse erhältst.

a)

	H	Z	E
+			
	1	1	
	9	0	0

b)

	H	Z	E
+			
	1	1	
	8	9	3

c)

	H	Z	E
+			
	1	1	
	4	1	7

d)

	H	Z	E
+			
	1	1	
	4	3	5

* nutzen planvoll und systematisch die Struktur des Zehnersystems
* wenden das Verfahren der schriftlichen Addition an

1 Löse die Aufgabe auf verschiedene Arten. Beginne beim Addieren …

a) … mit den Einern.

	H	Z	E
	3	8	7
+	2	3	4

b) … mit den Zehnern.

	H	Z	E
	3	8	7
+	2	3	4

c) … mit den Hundertern.

	H	Z	E
	3	8	7
+	2	3	4

d) Besprich deine Erfahrungen mit einem anderen Kind.
Weshalb ist es sinnvoll, mit den Einern zu beginnen?

2 Schreibe die Aufgaben untereinander. Berechne das Ergebnis.

a) 183 + 748 b) 494 + 215 c) 694 + 89 d) 146 + 37 + 225

3 Berechne jeweils die Summe von drei aufeinanderfolgenden Zahlen.

a) Die erste Zahl ist 209. b) Die mittlere Zahl ist 330. c) Die letzte Zahl ist 126.

d) Beschreibe einem anderen Kind, was dir bei a), b) und c) auffällt.

4 Wähle jeweils zwei Zahlen aus und addiere sie.

345 | 139 | 215 | 268 | 377 | 462 | 119 | 168

a) Finde alle Aufgaben, bei denen die Summe größer als 500 ist.

b) Finde alle Aufgaben, bei denen die Summe größer als 300 und kleiner als 400 ist.

c) Besprich deine Ergebnisse mit einem anderen Kind.
Erklärt euch gegenseitig, wie ihr zur Lösung gekommen seid.

Seite 22 Aufgabe 4

a)
```
  3 4 5   ...
+ 2 1 5
-------
    ...
```
b) ...

* wenden das Verfahren der schriftlichen Addition an
* wenden ihre mathematischen Kenntnisse, Fähigkeiten und Fertigkeiten bei der Bearbeitung herausfordernder und unbekannter Aufgaben an

Aufgaben mit unterschiedlichen Übertragszahlen üben

1 Berechne das Ergebnis. Sprich wie Einstern.
Überlege dir bei d) und h) selbst eine passende Aufgabe.

a)

	3	7	6
+	2	8	8
+	1	3	7

b)

	4	8	7
+	1	0	9
+	2	6	5

c)

	5	7	8
+	2	2	9
+	1	7	8

d)

e)

	1	7	8
+		4	9
+	5	2	6
+	1	4	6

f)

		5	8
+	3	1	9
+	1	7	4
+	2	2	5

g)

	4	8	4
+		9	5
+	1	6	8
+	1	6	5

h)

2 Schreibe die Zahlen richtig untereinander und addiere.
Überlege dir selbst eine passende Aufgabe.

a) 478 + 315 + 48
b) 58 + 267 + 482
c) 395 + 187 + 78
d) ____ + ____ + ____

3 Setze die fehlenden Ziffern ein.

a)

	2	4	
+		4	3
+	4	1	0
	8		2

b)

	2	1	0
+	4	0	9
+		8	
	8		4

c)

		3	7
+	4	5	
+	2		8
	9	9	3

d)

	3	8	
+	2		4
+	2	5	3
		1	6

→ Ü Seite 24

* wenden das Verfahren der schriftlichen Addition an

1 Rechne.
Male im Bild unten die Felder mit den Ergebniszahlen aus.

a)

318	218	396	289	188
+ 128	+ 178	+ 163	+ 313	+ 162
1 (Übertrag)				
446				

b)

626	309	486	189	196
+ 238	+ 129	+ 242	+ 153	+ 292

c)

297	236	149	232	189
+ 272	+ 232	+ 259	+ 187	+ 167

d)

354	455	279	349	393
+ 182	+ 494	+ 269	+ 179	+ 187
+ 383	+ 51	+ 304	+ 172	+ 130

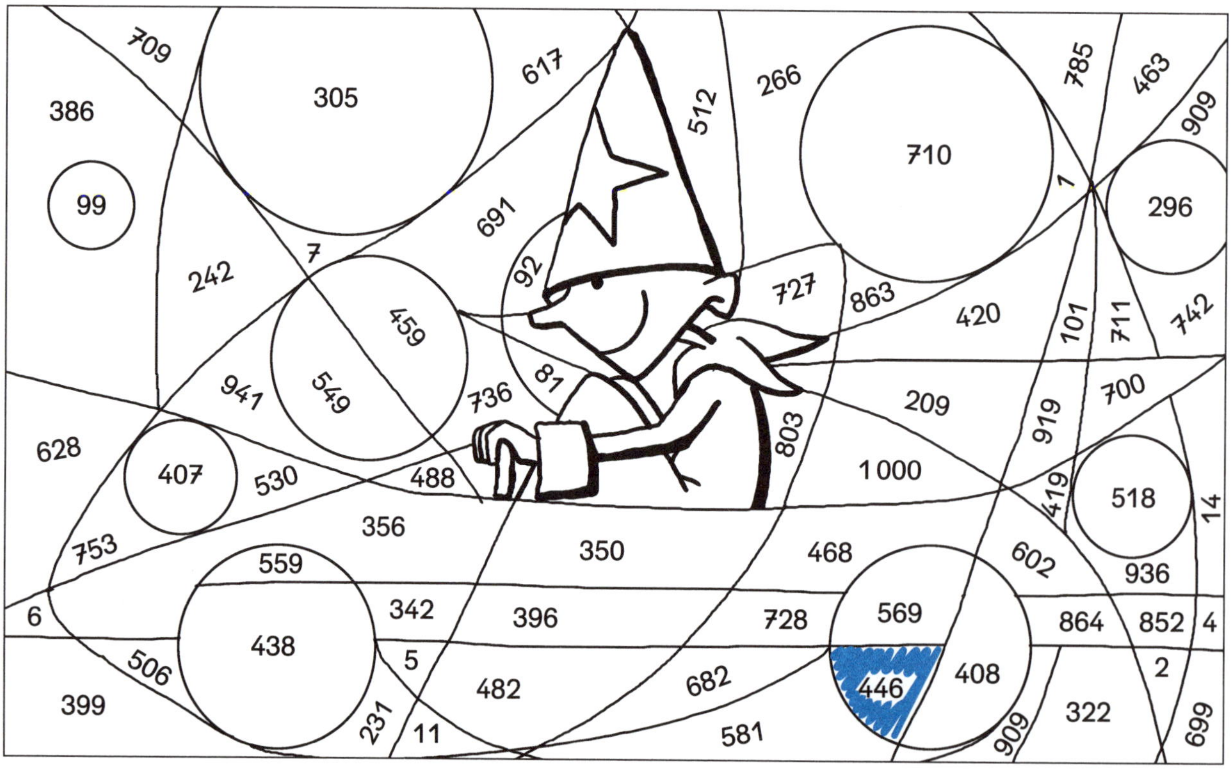

* wenden das Verfahren der schriftlichen Addition an

1 Kennzeichne zuerst die passenden Aufgaben. Berechne die Summen.

a) Aufgaben ohne Übertrag
b) Aufgaben mit einem Übertrag
c) Aufgaben mit zwei Überträgen

335 + 224	753 + 134	437 + 524	374 + 252

537 + 152	785 + 117	547 + 154	494 + 214	376 + 244

2 Addiere immer zwei Zahlen. Wähle die Zahlen so aus, dass es zwei Überträge gibt. Trage die Übertragszahlen rot ein.

365 157 578 294

  365
+ 157
  11
  522

3 Setze die 6 Ziffern passend ein.
Verwende bei jeder Aufgabe jede Ziffer nur einmal.

1 2 3 4 5 6

+ … = 588	+ … = 399	+ … (Übertrag 1) = 381	+ … (Übertrag 1) = 714	+ … (Übertrag 1) = 813

4 Finde eine Additionsaufgabe mit einem Übertrag. Schreibe sie auf und bestimme die Summe. Erkläre einem anderen Kind, was die Übertragszahl bedeutet und wie sie entsteht.

← 10 80 60   ← 50 30 70 40   ← 30 20 10 50 70   70 100 90

→ Ü Seite 25

* wenden ihre mathematischen Kenntnisse, Fähigkeiten und Fertigkeiten bei der Bearbeitung herausfordernder und unbekannter Aufgaben an
* erkennen mathematische Zusammenhänge und begründen diese

1 Trage die Ziffern 1, 2, 3, 4, 5, 6 in die gelben Kästchen ein.

a) Trage sie so ein, dass du vier unterschiedliche Additionsaufgaben erhältst. Verwende bei jeder Aufgabe jede der Ziffern nur einmal. Rechne.

+ ___ + ___ + ___ + ___

b) Trage die Ziffern so ein, dass du die Aufgabe mit dem größtmöglichen und dem kleinstmöglichen Ergebnis erhältst. Verwende bei jeder Aufgabe jede der Ziffern nur einmal.

+ ___ + ___

2 Finde für die Kästchen passende Ziffern und trage sie ein.
Beachte: Innerhalb einer Aufgabe soll eine Ziffer jeweils nur einmal benutzt werden.

a)

+	+	+	+
1 0 0	1 0 0	1 0 0 0	1 0 0 0

b)

+	+	+	+
+	+	+	+
1 0 0	2 0 0	9 9 9	1 0 0 0

3 Trage jeweils passende Zahlen ein.

+	+	+	+
+	+	+	+
2	1 1	2 2	1 2 1

* wenden das Verfahren der schriftlichen Addition an
* wenden ihre mathematischen Kenntnisse, Fähigkeiten und Fertigkeiten bei der Bearbeitung herausfordernder und unbekannter Aufgaben an

1 Setze die fehlenden Ziffern ein. Achte auf die Überträge.

a)
```
  4 5 6
+ 2 6 2
-------
  □ □ 8
```

b)
```
  2 4 □
+ □ 8 5
-------
  6 □ 7
```

c)
```
  □ 4 8
+ 2 □ 6
-------
  6 4 □
```

d)
```
  □ 0 1
+ 2 □ □
-------
  8 0 0
```

2 Ergänze die fehlenden Ziffern. Finde je zwei Möglichkeiten.

a)
```
  □ 3 □
+ 1 □ □
-------
  4 8 0
```

```
  □ 3 □
+ 1 □ □
-------
  4 8 0
```

b)
```
  □ □ 6
+ 3 0 □
-------
  □ 5 5
```

```
  □ □ 6
+ 3 0 □
-------
  □ 5 5
```

3 Setze passende Ziffern ein.
Beachte: Für jedes Kästchen einer Aufgabe soll eine andere Ziffer verwendet werden.
Finde je zwei Möglichkeiten. Besprich deine Ergebnisse mit einem anderen Kind.
Erklärt euch gegenseitig, wie ihr zu den Lösungen gekommen seid.

a)
```
  □ □ □
+ □ □ □
-------
  5 0 0
```

```
  □ □ □
+ □ □ □
-------
  5 0 0
```

b)
```
  □ □ □
+ □ □ □
-------
  9 9 9
```

```
  □ □ □
+ □ □ □
-------
  9 9 9
```

4 Bestimme, für welche Ziffern die Buchstaben stehen.

a)
```
  2 9 A
+ 5 A 6
   1 1
-------
  8 A 0
```
A: ___

b)
```
  4 7 B
+ 1 B 3
   1
-------
  B 3 9
```
B: ___

c)
```
  3 C 4
+ 3 6 C
   1 1
-------
  C 4 1
```
C: ___

d)
```
  2 3 D
+ 6 D 5
   1 1
-------
  D 3 4
```
D: ___

5 Bei allen 3 Aufgaben stehen gleiche Zeichen immer für die gleiche Ziffer. Bestimme sie.

Zahlenmauern ergänzen und erstellen

1 Ergänze die Zahlenmauern. Addiere schriftlich, wenn nötig.

a)

b)

2

a) Berechne die fehlenden Zahlen.

b) Begründe, weshalb sich die beiden obersten Zahlen unterscheiden, obwohl die Zahlen in den Grundmauern gleich sind.

3 Trage die Zahlen 98, 87, 105 und 123 in die Grundmauern so ein …

a) … dass die oberste Zahl möglichst groß wird.

b) … dass die oberste Zahl möglichst klein wird.

← 80 50 40

← 70 30 20 60

← 80 50 30 90 70

150 130 120

* wenden das Verfahren der schriftlichen Addition beim Ergänzen von Zahlenmauern an
* erkennen und nutzen die Strukturen und Zusammenhänge von Zahlenmauern beim Lösen herausfordernder Aufgaben

1 Überlege, welchen Rechenweg du wählen würdest. Kreise ein oder ergänze.
Vergleiche mit einem anderen Kind und begründe.

a) 399 + 378 = ☐ — 400 + 378 − 1 | 399 + 378 (schriftlich) | 400 + 377 | …

b) 209 + 541 = ☐ — 200 + 550 | 210 + 540 | 209 + 541 (schriftlich) | …

c) 374 + 226 = ☐ — 374 + 226 (schriftlich) | 380 + 220 | 400 + 200 | …

d) 455 + 268 = ☐ — 455 + 200 + 60 + 8 | 455 + 268 (schriftlich) | 455 + 268 … 455 + 200 … … | …

e) Schreibe eine kurze Begründung für deine Wahl der Rechenwege bei den Aufgaben a) bis d) auf.

a) ____________________

b) ____________________

c) ____________________

d) ____________________

2 Erkläre einem anderen Kind, wie Patrick rechnet.

3 Überlege, welchen Aufgaben du im Kopf und welche du schriftlich rechnest.
Begründe und vergleiche mit einem anderen Kind.

198 + 204 = ☐ 240 + 430 = ☐ 375 + 458 = ☐ 199 + 423 = ☐

4 Löse die Aufgaben auf deine Art, schriftlich oder im Kopf.
Schreibe deinen Rechenweg auf.

a) 598 + 236 = ☐ b) 405 + 365 = ☐ c) 236 + 340 = ☐
d) 637 + 203 = ☐ e) 278 + 354 = ☐ f) 300 + 254 = ☐

Seite 29 Aufgabe 4
a) …

Die eigene Rechnung überprüfen

1. Wie überprüfst du das Ergebnis? Begründe deine Wahl einem anderen Kind.

2. Löse die Aufgaben.

a)	b)	c)	d)
286	338	457	458
+ 308	+ 75	+ 93	+ 273
+ 157	+ 199	+ 5	+ 46

3. Überprüfe die Ergebnisse von Aufgabe 2 auf zwei verschiedene Arten. Sieh dir dazu die Methoden an, die die Kinder vorstellen.

4. Überprüfe die Rechnungen. Überlege, welche Methode aus deiner Sicht jeweils sinnvoll ist.

a)	b)	c)	d)
458	362	435	168
+ 37	+ 97	+ 13	+ 415
+ 365	+ 208	+ 388	+ 47
1 2	1	1 1	1 2
860	567	953	631
richtig			
überprüft nach der Methode von	überprüft nach der Methode von	überprüft nach der Methode von	überprüft nach der Methode von

5. Überlege, was beim schriftlichen Addieren wichtig ist. Schreibe auf, was dir dabei leichtfällt. Notiere, was du immer besonders beachten musst.

* überprüfen Ergebnisse auf ihre Angemessenheit
* vergleichen unterschiedliche Formen der Ergebniskontrolle und bewerten diese

Fehler und ihre Ursachen finden

1 Überprüfe die Rechnungen. Schreibe zu jeder Aufgabe auf, ob das Ergebnis richtig (✓) oder falsch (*f*) ist.
Schreibe bei falsch gelösten Aufgaben die richtige Rechnung darunter auf.

a)
638
+ 294
822 *f*

b)
245
+ 678
1 1
923 ___

c)
321
+ 283
1
504 ___

d)
298
+ 57
1
868 ___

e)
174
+ 459
1 1
632 ___

2 Überprüfe die Aufgaben. Wenn das Ergebnis falsch ist, korrigiere sie.

a)
128
+ 256
3~~7~~4
8

b)
247
+ 459
1 1
706

c)
536
+ 247
1
782

d)
123
+ 385
+ 246
1 1
744

e)
354
+ 272
+ 106
1 1
732

3 Hier wurden einige Aufgaben falsch gelöst.
Suche sie und gib an, welcher Fehler gemacht wurde.
A: Übertrag vergessen B: Fehler beim Addieren
C: Aufgaben falsch untereinander geschrieben

Finde mit einem Partnerkind für jede falsche Aufgabe den passenden Tipp:
1 richtig addieren 2 stellengerecht untereinanderschreiben 3 Übertrag beachten
Schreibe bei falsch gelösten Aufgaben die richtige Rechnung darunter auf.

a)
546
+ 217
753
Fehler: A
Tipp: 3

b)
237
+ 536
1
763
Fehler: ___
Tipp: ___

c)
425
+ 54
965
Fehler: ___
Tipp: ___

d)
268
+ 329
1
597
Fehler: ___
Tipp: ___

e)
581
+ 234
715
Fehler: ___
Tipp: ___

→ Ü Seite 26

1 Am letzten Wochenende zählte man im Zirkus Pimpinelli die Zuschauer:

	Fr.	Sa.	So.
Erwachsene	225	357	283
Kinder	147	296	329

a) Wie viele Personen besuchten die Vorstellung am Sonntag?

b) Wie viele Kinder waren insgesamt im Zirkus?

c) An welchem Tag waren die meisten Besucher im Zirkus?

d) An welchem Tag waren die wenigsten Besucher im Zirkus?

e) Finde weitere Fragen und beantworte sie.

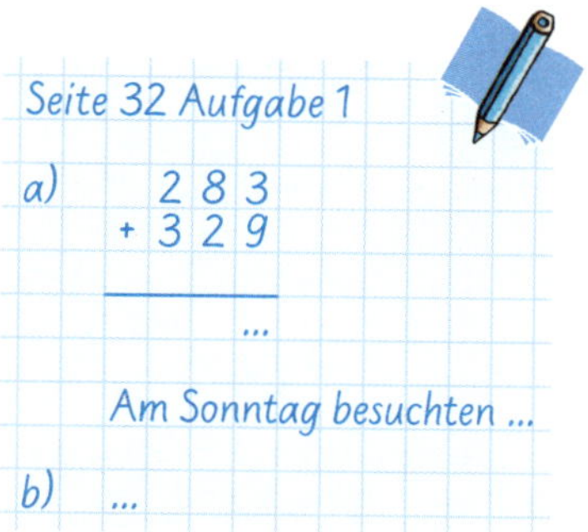

2 Die Schillerschule besteht aus zwei Gebäuden. In Gebäude A werden fünf Klassen mit folgenden Schülerzahlen unterrichtet: 24, 28, 26, 27, 22. In Gebäude B sind zwölf Klassen mit insgesamt 312 Kindern untergebracht. In der Schule unterrichten 24 Lehrerinnen und Lehrer. Eine Sekretärin und ein Hausmeister gehören außerdem zur Schule.

a) Wie viele Personen sind in der Schule, wenn alle anwesend sind?

b) Finde selbst weitere passende Fragen und beantworte sie.

3 In Herrenberg gibt es insgesamt vier Parkhäuser:

a) Wie viele Autos können in Herrenberg höchstens im Parkhaus parken?

b) Finde weitere Fragen und beantworte sie.

4 Erfinde eine Sachaufgabe mit Frage, Rechnung und Antwort. Stelle sie einem anderen Kind vor. Überprüft gemeinsam das Ergebnis.

* entnehmen Darstellungen der Lebenswirklichkeit Informationen und übersetzen diese in die Sprache der Mathematik
* wenden das Verfahren der schriftlichen Addition an

1 Besucher im Freibad

	Mo.	Di.	Mi.	Do.	Fr.	Sa.	So.
Erwachsene	87	53	38	67	107	215	268
Kinder bis 6 Jahre	54	14	5	21	84	95	119
Kinder über 6 Jahre	134	65	27	112	268	307	324

a) Ergänze die Aussagen. Entnimm die notwendigen Informationen aus der Tabelle. Addiere, wenn nötig, schriftlich auf dem Rechenblock.

Das Freibad hatte am Montag insgesamt ________ Besucher.

Am Sonntag waren es ________ Besucher.

Am Wochenende waren ________ Erwachsene im Freibad.

Die Personengruppe ______________________________ besuchte das Freibad während der Woche besonders oft.

b) Ich vermute, dass in der Woche folgendes Wetter war:

____

____

2

Erstelle eine Tabelle mit den Informationen aus dem Interview.

Besucher	Fr.		
Vormittag			
Nachmittag			
Gesamt			

* entnehmen Darstellungen der Lebenswirklichkeit Informationen und übersetzen diese in die Sprache der Mathematik
* wenden das Verfahren der schriftlichen Addition an

Bundesjugendspiele – Leichtathletik – Jungen
Punktetabelle

Schlagballweitwurf	Meter	20,5	21,0	21,5	22,0	22,5	23,0	23,5	24,0	24,5	25,0	25,5	26,0	26,5	27,0	27,5	28,0	28,5	29,0	29,5	30,0	30,5	31,0	31,5	32,0	32,5
	Punkte	157	162	166	171	176	181	186	190	195	200	204	209	213	217	222	226	230	235	239	243	247	251	255	259	263
	Meter	33,0	33,5	34,0	34,5	35,0	35,5	36,0	36,5	37,0	37,5	38,0	38,5	39,0	39,5	40,0	40,5	41,0	41,5	42,0	42,5	43,0	43,5	44,0	44,5	45,0
	Punkte	267	271	275	279	283	287	290	294	298	302	305	309	313	316	320	323	327	331	334	338	341	345	348	351	355

50-m-Lauf	Sekunden	12,9	12,8	12,7	12,6	12,5	12,4	12,3	12,2	12,1	12,0	11,9	11,8	11,7	11,6	11,5	11,4	11,3	11,2	11,1	11,0	10,9	10,8	10,7	10,6	10,5
	Punkte	2	6	10	15	19	24	28	33	37	42	47	52	57	62	67	73	78	84	89	95	101	107	113	119	125
	Sekunden	10,4	10,3	10,2	10,1	10,0	9,9	9,8	9,7	9,6	9,5	9,4	9,3	9,2	9,1	9,0	8,9	8,8	8,7	8,6	8,5	8,4	8,3	8,2	8,1	8,0
	Punkte	131	138	144	151	158	165	172	179	187	194	202	210	218	226	234	243	252	261	270	279	289	299	309	319	330

Weitsprung	Meter	2,33	2,37	2,41	2,45	2,49	2,53	2,57	2,61	2,65	2,69	2,73	2,77	2,81	2,85	2,89	2,93	2,97	3,01	3,05	3,09	3,13	3,17	3,21	3,25	3,29
	Punkte	171	177	183	189	195	201	206	212	218	223	229	234	240	245	251	256	261	266	272	277	282	287	292	297	302
	Meter	3,33	3,37	3,41	3,45	3,49	3,53	3,57	3,61	3,65	3,69	3,73	3,77	3,81	3,85	3,89	3,93	3,97	4,01	4,05	4,09	4,13	4,17	4,21	4,25	4,29
	Punkte	308	313	317	322	327	332	337	342	347	351	356	361	366	370	375	379	384	389	393	398	402	407	411	416	420

Alter	Siegerurkunde	Ehrenurkunde
8 Jahre	ab 450 Punkte	ab 575 Punkte
9 Jahre	ab 525 Punkte	ab 675 Punkte
10 Jahre	ab 600 Punkte	ab 775 Punkte

1 Werte die Ergebnisse bei den Bundesjugendspielen für Paul und Janek aus.

a) Lies die Punktzahlen für die Ergebnisse ab.

	Paul		Janek	
	Ergebnis	Punkte	Ergebnis	Punkte
Schlagballweitwurf	31 m		33 m	
50-m-Lauf	8,1 s		9,2 s	
Weitsprung	3,29 m		2,41 m	
Gesamt				

b) Berechne die Gesamtpunktzahlen für Paul und Janek.

c) Paul und Janek sind beide 9 Jahre alt. Ermittle, welche Urkunde sie bekommen.

Paul: ______________ Janek: ______________

d) Berechne, wie viele Punkte Janek für die Ehrenurkunde fehlen. ______________

e) Ergänze die Aussagen:
Für eine Ehrenurkunde müsste er ___ m weiter werfen oder ____ m weiter springen.

2 Schreibe selbst eine Rechengeschichte zum Thema „Bundesjugendspiele“. Stelle sie einem anderen Kind vor.

Seite 34 Aufgabe 2
...

* entnehmen Tabellen relevante Daten und ziehen sie zur Beantwortung von Fragen heran
* formulieren zu schülerrelevanten Situationen Rechengeschichten und mathematische Fragestellungen

Additionsaufgaben zusammenstellen und lösen

1 Verwende Ziffernkarten mit den Ziffern von 1 bis 9. Jede Ziffernkarte gibt es nur einmal. Lege zuerst folgende Aufgaben. Schreibe sie dann in dein Heft und bestimme das Ergebnis:

Seite 35 Aufgabe 1
a) ...

a) mindestens vier Additionsaufgaben mit zwei dreistelligen Zahlen

b) eine Additionsaufgabe mit zwei dreistelligen Zahlen, die ein möglichst kleines Ergebnis hat

c) eine Additionsaufgabe mit einem möglichst großen Ergebnis

d) eine Additionsaufgabe mit zwei dreistelligen Zahlen: Vertausche zwei Kärtchen so, dass sich die Summe nicht verändert.

e) eine Aufgabe mit dem Ergebnis 1 000

f) Besprich deine Ergebnisse mit einem Partner.

2 Würfelspiel: Nicht mehr als 600!

Suche dir ein Partnerkind.
Würfelt abwechselnd mit drei Würfeln. Bildet damit dreistellige Zahlen. 135 oder 315 oder 513 oder …
Schreibt je zwei von ihnen untereinander und addiert sie.
Gewonnen hat, wer am nächsten an 600 kommt.
Mehr als 600 dürft ihr nicht erhalten.

Seite 35 Aufgabe 2

135	315
+ 351	+ 153
...	...

3 Rechne die Additionsaufgaben. Finde die Regel. Bilde ähnliche Aufgaben.

123	432	246
+321	+234	+642

Seite 35 Aufgabe 3

123	...
+ 321	
...	

4 Addiere zu den angegebenen Zahlen immer ihre Spiegelzahl. Gehe mit den Ergebniszahlen genauso vor. Nach wie vielen Rechnungen erhältst du eine Ergebniszahl, die selbst eine Spiegelzahl ist? Besprich deine Rechnungen mit einem anderen Kind.

a) 172 b) 243
c) 153 d) 361

Seite 35 Aufgabe 4

a)	172	443	b) ...
	+ 271	+ 344	
	1		
	443	787	

Additionsaufgaben bilden – verschiedene Möglichkeiten finden

1 2 5 3 Bilde aus diesen Ziffernkärtchen alle sechs möglichen dreistelligen Zahlen.

☐ ☐ ☐ ☐ ☐ ☐

2 Stelle aus den verschiedenen Zahlen von Aufgabe 1 verschiedene Additionsaufgaben zusammen.

a) Schreibe sie in dein Heft und löse sie.

b) Suche dir ein anderes Kind. Vergleicht eure Aufschriebe.

3 1 2 3 5 6 7

Jedes Ziffernkärtchen darf bei einer Rechnung nur einmal verwendet werden.

a)
```
  ☐☐☐
+ ☐☐☐
-----
  888
```
Finde gemeinsam mit einem Partnerkind verschiedene Rechnungen. Setzt dazu die Ziffernkärtchen ein. Schreibt die Aufgaben ins Heft.

b) Lea hat 12 Rechnungen gefunden. Überlegt gemeinsam, ob das alle sind.

4 Arbeite gemeinsam mit einem Partnerkind.

1 3 4

a) Bildet aus diesen Ziffernkärtchen alle sechs möglichen dreistelligen Zahlen.

☐ ☐ ☐ ☐ ☐ ☐

b) Bildet aus zwei dieser Zahlen die Additionsaufgabe mit der kleinsten Summe.

```
+
-----
```

c) Bildet aus zwei dieser Zahlen die Additionsaufgabe mit der größten Summe.

```
+
-----
```

d) Besprecht folgende Aussage:
Mit den Zahlen aus Aufgabe a) kann man 30 verschiedene Additionsaufgaben mit je zwei unterschiedlichen Zahlen bilden. Es gibt dabei 15 unterschiedliche Ergebnisse.

* finden verschiedene bzw. alle möglichen Ziffern und Zahlenkombinationen durch systematisches und zielorientiertes Probieren
* wenden ihre mathematischen Kenntnisse, Fähigkeiten und Fertigkeiten bei der Bearbeitung herausfordernder und unbekannter Aufgaben an

Uhren und ihre Funktionen kennenlernen

A Armbanduhr

B Armbanduhr

C Taschenuhr

D Stoppuhr

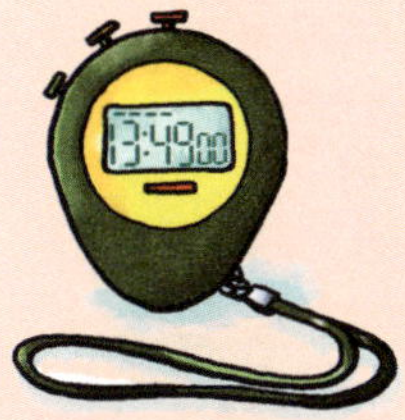
E Stoppuhr

F Wecker

G Wecker

H Radiowecker

I Wanduhr

K Bahnhofsuhr

L Kurzzeitmesser

M Armbanduhr

N Kirchturmuhr

O Kuckucksuhr

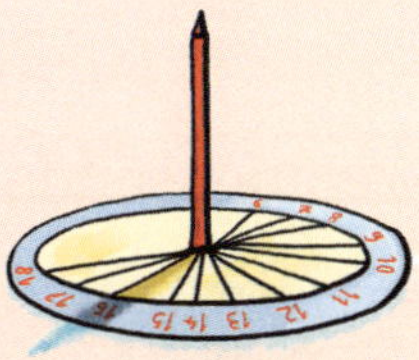
P Sonnenuhr

R Wanduhr

1 Schreibe auf, was diese Uhren jeweils anzeigen.

a) nur Stunden: P ________

b) Stunden und Minuten: ________

c) Stunden, Minuten und Sekunden: ________

d) Zeitdauer in Sekunden
sowie Minuten und Sekunden: ________

2 Besprich mit einem anderen Kind, wo ihr diese Uhren finden könnt und wozu man sie benötigt.

3 Du kannst gemeinsam mit anderen Kindern in Prospekten und Zeitschriften Abbildungen von Uhren suchen und eine Collage gestalten.

* erkennen und benennen verschiedene Zeitmessinstrumente und ihren Anwendungsbereich im Alltag

Zur Tageszeit passende Uhrzeiten ablesen

1 Suche dir ein anderes Kind. Stelle auf der Uhr eine Zeit ein und nenne eine passende Tätigkeit für diese Uhrzeit. Das andere Kind nennt die passende Uhrzeit. Tauscht dann auch die Rollen.

2 Lies jeweils die beiden möglichen Uhrzeiten ab und schreibe sie auf.

a) 

6.10 Uhr

18.10 Uhr

b) 

c) 

d) 

3 Schreibe die zur Tageszeit passende Uhrzeit auf.

a) 

Mittag

13.08 Uhr

b) 

Morgen

c) 

Abend

d) 

Nachmittag

e) 

Abend

f) 

Nacht

g) 

Nachmittag

h) 

Morgen

← 54 30 70 ← 25 70 30 60 ← 42 50 20 70 80

85 124 122

* lesen Uhrzeiten auf analogen Uhren ab
* lesen die auf die Tageszeit bezogene Uhrzeit passend ab

→ Ü Seite 27

Unterschiedliche Zeitangaben kennenlernen

9.45 Uhr
Viertel vor 10
drei viertel 10

11.30 Uhr
halb 12

8.15 Uhr
Viertel nach 8
viertel 9

1 Schreibe folgende Zeitangaben mit Zahlen auf:

a) halb drei ____________

b) halb acht ____________

c) Viertel nach zehn ____________

d) Viertel vor eins ____________

e) fünf nach halb vier ____________

f) sechs nach fünf ____________

g) zwölf vor sechs ____________

h) drei viertel neun ____________

2 Suche dir ein anderes Kind.
Stellt Uhrzeiten auf der Uhr ein.
Nennt zu jeder Uhrzeit vier verschiedene Angaben.

3 Überprüfe die Zeitangaben.
Streiche jeweils die durch, die falsch ist.

a) 

A: 19.15 Uhr
B: viertel acht
C: 15.07 Uhr
D: Viertel nach sieben

b) 

A: 14.45 Uhr
B: drei viertel drei
C: 15 Minuten nach drei
D: Viertel vor drei

c) 

A: 29 Minuten nach 8 Uhr
B: 29.20 Uhr
C: 31 Minuten vor 9 Uhr
D: 1 Minute vor halb 9

d) 

A: 6 Minuten vor 12 Uhr
B: 12.54 Uhr
C: 54 Minuten nach 11 Uhr
D: 23.54 Uhr

* nutzen im Alltag gebräuchliche Bruchzahlen im Zusammenhang mit Größen und stellen derartige Größen in anderen Schreibweisen dar
* überprüfen Zeitangaben und finden Fehler

Der kleine Zeiger (Stundenzeiger) braucht eine Stunde (60 Minuten), um von einer Zahl zur nächsten zu wandern.

Der große Zeiger (Minutenzeiger) zeigt an, wie viele Minuten seit der letzten vollen Stunde vergangen sind. Wenn er einmal im Kreis herumgewandert ist, sind 60 Minuten vergangen. Das ist genau eine Stunde.

Der dünne lange Zeiger (Sekundenzeiger) zeigt an, wie viele Sekunden seit der letzten vollen Minute vergangen sind. Auch für ihn gelten die Minutenstriche an der Uhr. Wenn er einmal im Kreis herumgewandert ist, sind 60 Sekunden vergangen. Das ist genau eine Minute.

1 Stunde	= 60 Minuten
1 h	= 60 min

1 Minute	= 60 Sekunden
1 min	= 60 s

1 Suche dir ein anderes Kind. Stelle Uhrzeiten auf der Uhr auf die Sekunde genau ein. Dein Partnerkind liest die Uhrzeiten ab. Tauscht die Rollen.

2 Lies die Uhrzeiten auf die Sekunde genau ab und schreibe sie auf.

a) 

5.20 Uhr und 40 Sekunden

17.20 Uhr und 40 Sekunden

b) 

c) 

★ verwenden die Angabe des Sekundenzeigers beim Bestimmen der genauen Uhrzeit

→ Ü Seite 28

1 Gib beide Uhrzeiten sekundengenau an.

7.10 Uhr und 25 Sekunden

19.10 Uhr und 25 Sekunden

2 Zeichne jeweils den Stunden-, Minuten- und Sekundenzeiger ein.

8.25 Uhr und 50 Sekunden

10.27 Uhr und 42 Sekunden

13.34 Uhr und 55 Sekunden

21.12 Uhr und 35 Sekunden

7.05 Uhr und 27 Sekunden

11.43 Uhr und 19 Sekunden

★ verwenden die Angabe des Sekundenzeigers beim Bestimmen der genauen Uhrzeit

Uhrzeiten von Digitalanzeigen ablesen

Bei manchen Uhren ist die Uhrzeit mit Zahlen dargestellt. Diese Uhren werden Digitaluhren genannt.

Bei einer normalen Digitaluhr heißt das: 10.32 Uhr und 43 Sekunden. Man spricht: „10 Uhr 32 und 43 Sekunden."

Manche Digitaluhren haben nur eine 12-Stunden-Anzeige. Zur Unterscheidung der Tageszeit zeigen sie von 12.00 Uhr Mitternacht bis 11.59 Uhr vormittags zusätzlich „am" an. Das ist eine Abkürzung aus dem Lateinischen und heißt „ante meridiem" (vormittags). Von 12.00 Uhr Mittag bis 11.59 Uhr nachts zeigen sie zusätzlich „pm" an. Das heißt „post meridiem" (nachmittags).

1 Schreibe die genauen Uhrzeiten auf.

a) 03:54 16

3.54 Uhr und 16 Sekunden

Nacht

b) 14:58 54

c) 20:00 02

d) 00:18 34

e) 4:12 15 PM

f) 10:07 48 AM

2 Fülle die Tabelle vollständig aus.

1 Stunde früher	1 Sekunde früher	Anzeige	1 Sekunde später	1 Stunde später
12:58 59	13:58 58	13:58 59	13:59 00	14:58 59
		4:09 59		
		23:59 00		
		23:59 59		
		08:12 00 PM		
		11:59 59 AM		

* lesen Uhrzeiten auf digitalen Uhren ab
* nutzen die Darstellungsform Tabelle zum Bearbeiten mathematischer Probleme

Zeitdauer von Tätigkeiten bestimmen

1 Suche dir ein anderes Kind. Schätzt immer zuerst, wie lange ihr braucht. Führt dann die Tätigkeiten aus und messt die Zeitdauer mit der Stoppuhr.

- 10 Kniebeugen machen
- die Schultasche ein- und auspacken
- alle Monatsnamen nennen
- von 1 bis 50 zählen
- 10 Stifte anspitzen
- die Hände waschen

2 Suche und bestimme gemeinsam mit einem anderen Kind Tätigkeiten, die

a) 1 Sekunde dauern: ______

b) 10 Sekunden dauern: ______

c) 30 Sekunden dauern: ______

3 Schreibe Tätigkeiten oder Vorgänge aus deinem Tagesablauf auf. Ergänze immer die Zeitdauer. Du kannst schätzen oder messen.

Seite 43 Aufgabe 3
...

4 Wie viel Zeit liegt etwa dazwischen? Verbinde.

Sekunde | Monat | Stunde

Minute | Jahr | Tag | Woche

Zeitangaben umwandeln

1 Stunde = 60 Minuten
1 h = 60 min

1 Minute = 60 Sekunden
1 min = 60 s

1 Wandle um.

a) Schreibe als Minuten:

1 h = ______ 1 h 20 min = ______
2 h = ______ 2 h 8 min = ______
3 h = ______ 3 h 10 min = ______

b) Schreibe als Sekunden:

1 min = ______ 1 min 10 s = ______
2 min = ______ 2 min 25 s = ______
4 min = ______ 4 min 5 s = ______

c) Schreibe als Stunden und Minuten:

60 min = ______
95 min = ______
160 min = ______
70 min = ______
120 min = ______
172 min = ______

d) Schreibe als Minuten und Sekunden:

60 s = ______
100 s = ______
200 s = ______
80 s = ______
120 s = ______
65 s = ______

2 Ordne die Zeitangaben der Größe nach.

60 s 67 s 50 s 250 s 1 min 4 s 4 min 2 min 220 s 300 s 1 min 58 s

______

______

3 Gestalte mit einem anderen Kind ein Lernplakat zu Zeitspannen.
Du kannst diese Anregungen verwenden:

1 Minute = ☐ Sekunden | 1 Stunde = ☐ Minuten | 1 halbe Stunde = ☐ Minuten
1 Tag = ☐ Stunden | 1 Viertelstunde = ☐ Minuten | 120 Minuten = ☐ Stunden

← 15 26 80 ← 23 17 81 60 ← 54 25 41 82 30 95 83 84

* zerlegen Einheiten innerhalb eines Größenbereichs und wandeln Einheiten um
* ordnen und vergleichen Zeitspannen
* gestalten und präsentieren ein Lernplakat zu Zeitspannen in verschiedenen Einheiten

→ Ü Seite 29

Zeitangaben in Minuten und Sekunden umwandeln

1 Tim hat beim 50-m-Schwimmen genau 1 Minute 26 Sekunden (1 min 26 s) benötigt.
Bei den anderen Kindern wurden folgende Zeiten gestoppt:

Lisa: 100 s	Patrick: 1 min 38 s	Lea: 83 s
Lena: 99 s	Paul: 2 min 30 s	Maja: 1 min 59 s

a) Schreibe alle Zeiten in Sekunden sowie in Minuten und Sekunden.

Lisa: *100 s = 1 min 40 s* ____ Patrick: ____

Lea: ____ Lena: ____

Paul: ____ Maja: ____

b) Wer war am schnellsten? ____

Wer hat die meiste Zeit benötigt? ____

c) Wie groß ist der Unterschied zwischen
dem schnellsten und dem langsamsten Schwimmer? ____

d) Janek schwimmt 100 m in 2 min 40 s. Schwimmt er schneller als die anderen?

____

____

e) Schreibe Vergleiche auf.

Lisa braucht 1 s länger als Lena.

____

____

____

____

____

____

____

* entnehmen Sachsituationen relevante Informationen
* wenden ihre Kenntnisse beim Lösen von alltagsorientierten Sachsituationen an

Mit Zeitangaben umgehen

1 Alle Kinder waren auf der Fahrt in den Urlaub lange unterwegs.

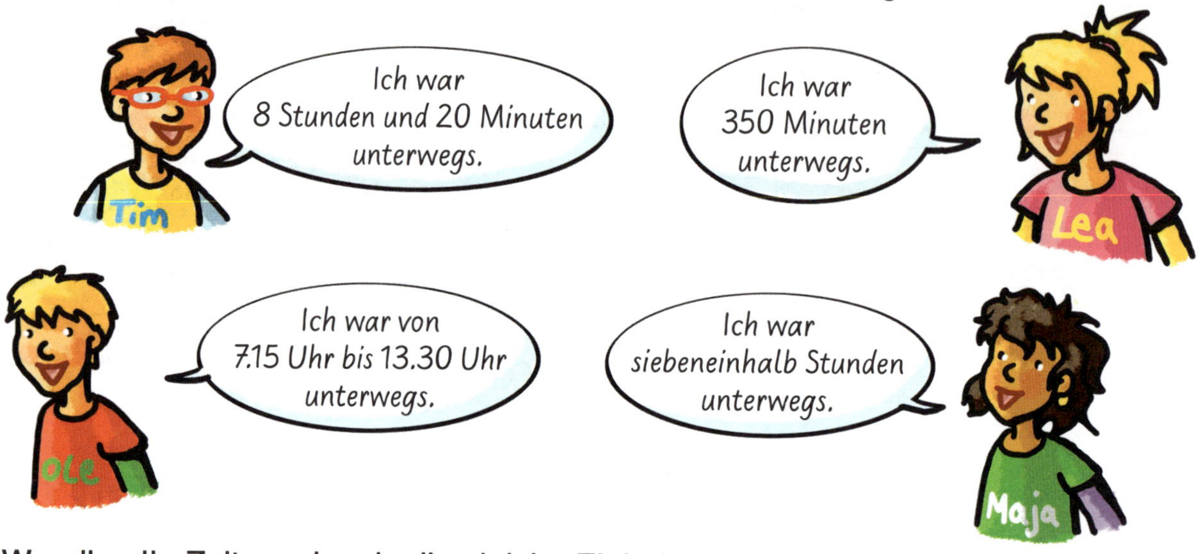

a) Wandle alle Zeitangaben in die gleiche Einheit um.

Tim: ______________________ Lea: ______________________

Ole: ______________________ Maja: ______________________

b) Schreibe Vergleiche auf.

____

____

____

____

____

2 Bestimme gemeinsam mit anderen Kindern mit der Stoppuhr, wie lange ihr jeweils ein Buch mit gestrecktem Arm waagerecht halten könnt. Schreibt die Zeiten auf einen Zettel. Erstellt eine Rangfolge und vergleicht die Ergebnisse.

Paul 52 s | Lena 43 s | Ole 41 s

3 Schreibe in dein Lerntagebuch, welche Tätigkeiten und dazu passende Zeitangaben du kennengelernt und dir gemerkt hast.

* entnehmen Sachsituationen relevante Informationen
* wenden ihre Kenntnisse beim Lösen von alltagsorientierten Sachsituationen an
* bestimmen durch eigenes Experimentieren Daten und vergleichen Ergebnisse

Zeitangaben überprüfen

1 Überprüfe die Aussagen der Kinder.
Schreibe „richtig" oder „falsch" in dein Heft.

a) Lea: Meine Schwester ist 3 Jahre alt.
Sie ist schon mehr als 1 000 Tage auf der Welt. *richtig*

b) Paul: Ich bin 9 Jahre und 6 Wochen alt.
Das sind mehr als 500 Wochen. ____

c) Tim: Ich gehe an 5 Tagen der Woche zur Schule.
An 60 Wochentagen im Jahr habe ich frei.
Die restliche Schulzeit dauert länger als 40 Wochen. ____

d) Lena: Auf meiner CD ist noch Platz für 12 Minuten Musik.
Ich kann noch folgende 3 Lieder auf die CD brennen:
1. Lied: 3 min 50 s
2. Lied: 4 min 20 s
3. Lied: 3 min 40 s ____

e) Sofie: Meine Oma wohnt in Berlin im 9. Stock eines Hochhauses.
Der Fahrstuhl braucht von einem Stockwerk zum nächsten 6 Sekunden. Ich brauche mit dem Fahrstuhl weniger als 1 Minute, bis ich oben bei meiner Oma bin. ____

f) Maja: Ich brauche für meinen Weg zur Schule 15 Minuten.
In einer Woche dauert mein Schulweg (Hin- und Rückweg) insgesamt mehr als zwei Stunden. ____

g) Patrick: Ich schwimme 25 m in 45 Sekunden.
Mein Freund braucht für 50 m 2 Minuten.
Ich habe ein höheres Tempo als er. ____

h) Lisa: Ich benötige für meinen Weg zur Schule 20 Minuten.
Zu zweit benötigen wir 10 Minuten. ____

i) Ole: Mein Vater hat im Jahr 6 Wochen Urlaub und 100 Tage am Wochenende oder an Feiertagen frei.
Er geht an mehr als 250 Tagen im Jahr arbeiten. ____

* hinterfragen und überprüfen Aussagen auf ihre Plausibilität
* rechnen mit Zeitangaben in unterschiedlichen Maßeinheiten

Zur nächsten Stunde oder Minute ergänzen

1 Lies an der Uhr ab und trage im Pfeilbild ein.

a) die Minuten bis zur nächsten vollen Stunde

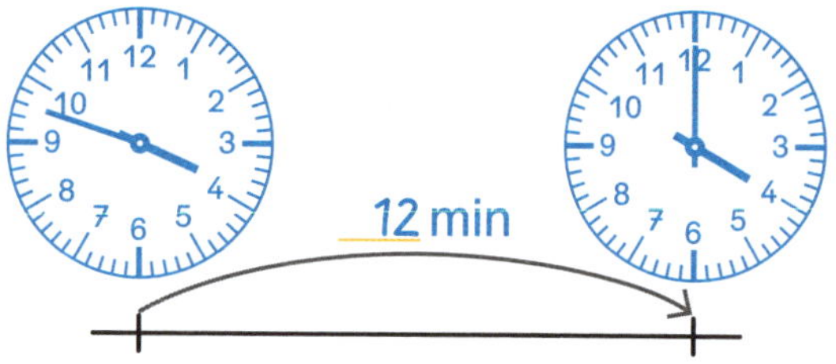

12 min

15.48 Uhr — 16.00 Uhr

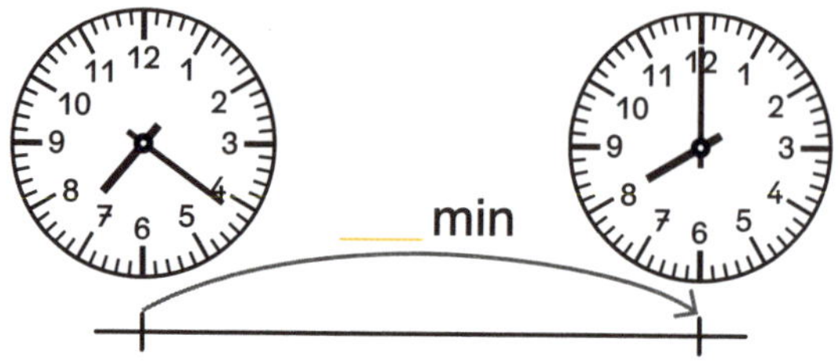

___ min

___ Uhr — ___ Uhr

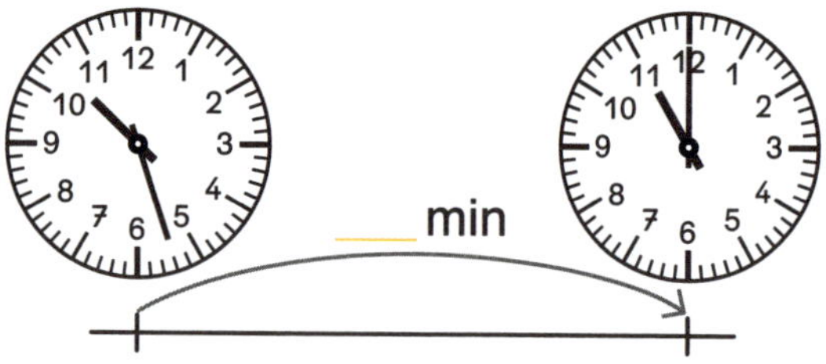

___ min

___ Uhr — ___ Uhr

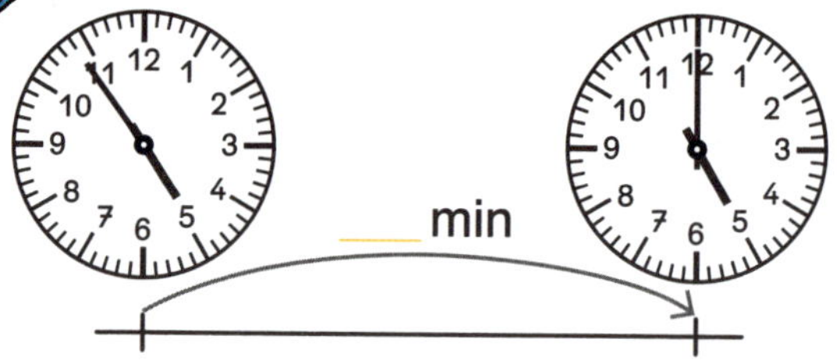

___ min

___ Uhr — ___ Uhr

b) die Sekunden bis zur nächsten vollen Minute

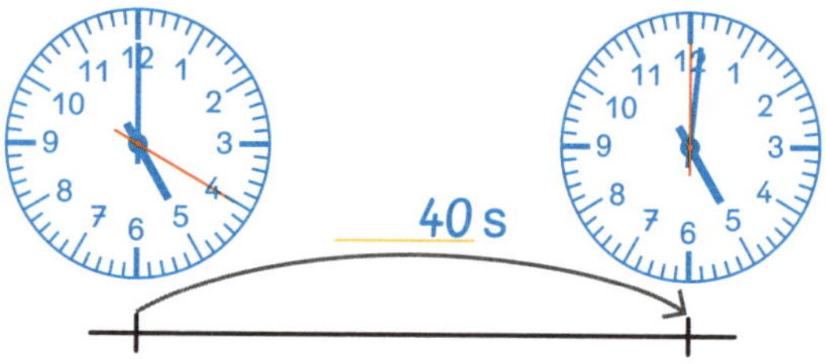

40 s

17.00 Uhr und 20 Sekunden — 17.01 Uhr

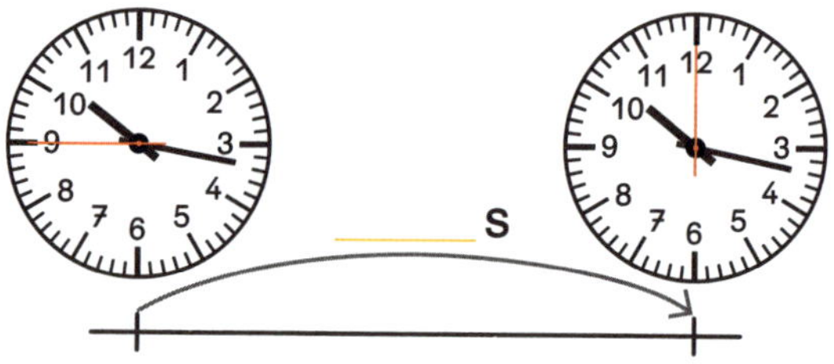

___ s

___ Uhr und ___ Sekunden — ___ Uhr

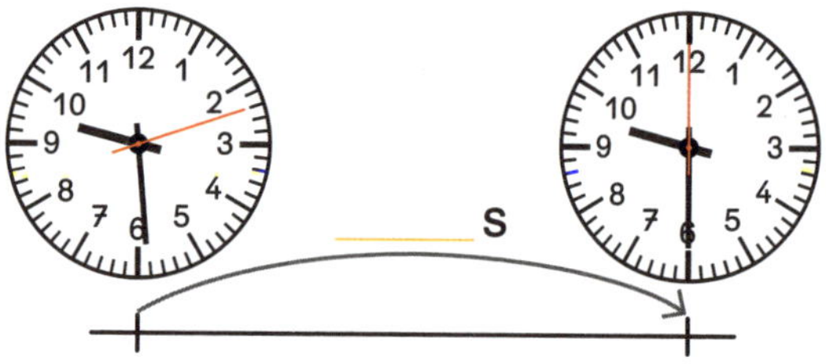

___ s

___ Uhr und ___ Sekunden — ___ Uhr

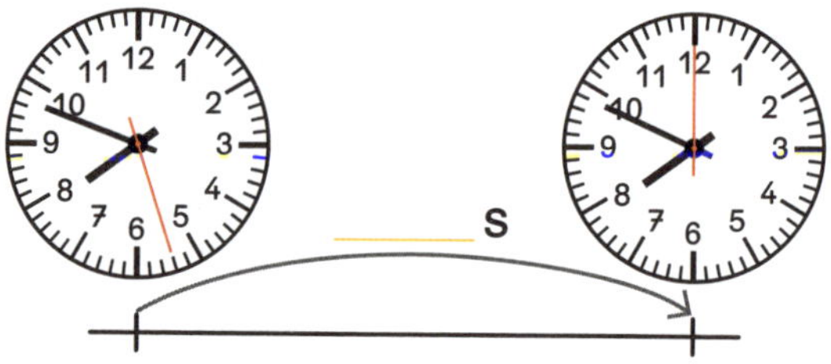

___ s

___ Uhr und ___ Sekunden — ___ Uhr

2 Trage ein.

a) 6.14 Uhr —(___ min)→ 7.00 Uhr

15.38 Uhr —(___ min)→ 16.00 Uhr

b) 9.35 Uhr und 13 Sek. —(___ s)→ 9.36 Uhr

10.55 Uhr und 42 Sek. —(___ s)→ 10.56 Uhr

* berechnen Zeitspannen
* nutzen die Operatordarstellung

Mit Zeitunterschieden in Stunden und Minuten rechnen (1)

1 Bestimme die Uhrzeiten. Du kannst eine Lernuhr benutzen.

a)
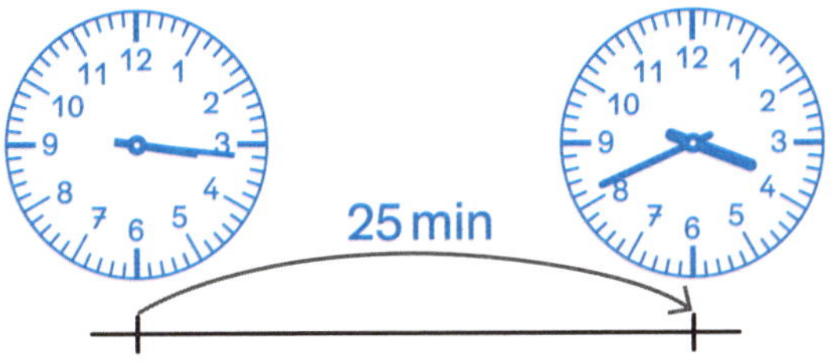

15.16 Uhr   15.41 Uhr

b)
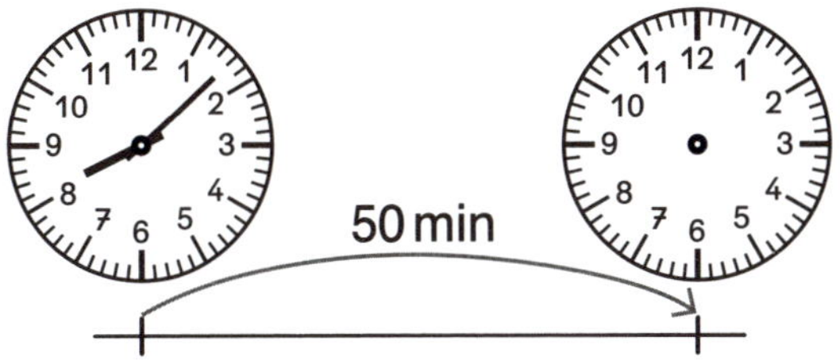

_____ Uhr   _____ Uhr

c)
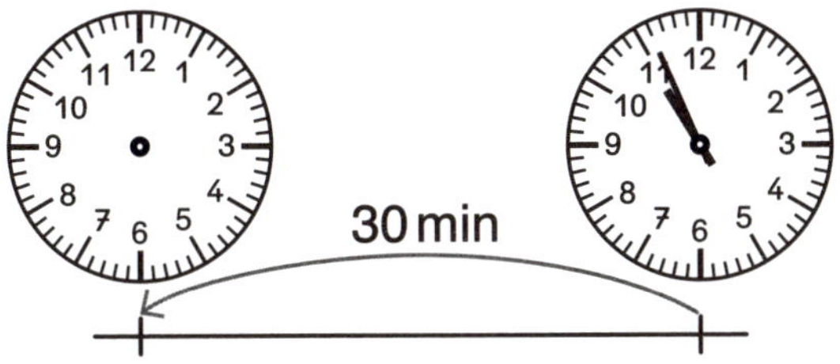

_____ Uhr   _____ Uhr

d)
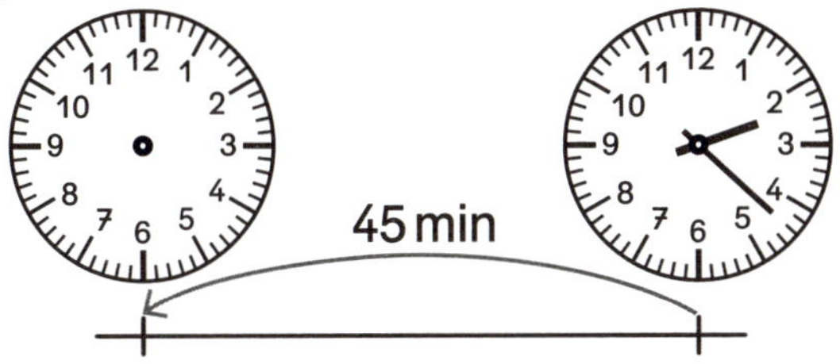

_____ Uhr   _____ Uhr

2 Trage ein.

a) 7.35 Uhr —15 min→ _____ Uhr
16.40 Uhr —30 min→ _____ Uhr

b) _____ Uhr ←25 min— 18.50 Uhr
_____ Uhr ←40 min— 10.15 Uhr

3 Berechne, wie spät es ist.

a)
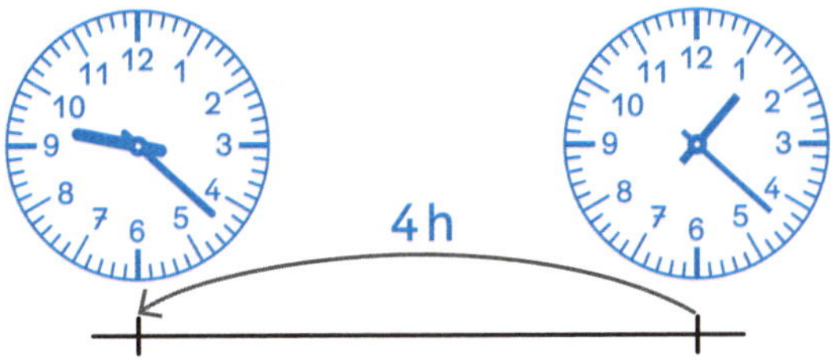

9.22 Uhr   13.22 Uhr

b)
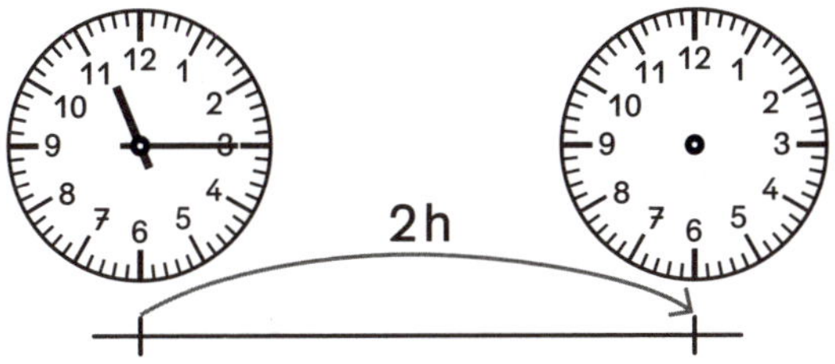

_____ Uhr   _____ Uhr

c)
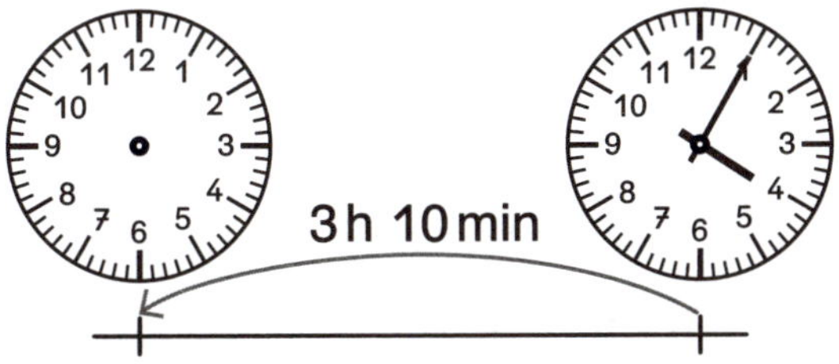

_____ Uhr   _____ Uhr

d)
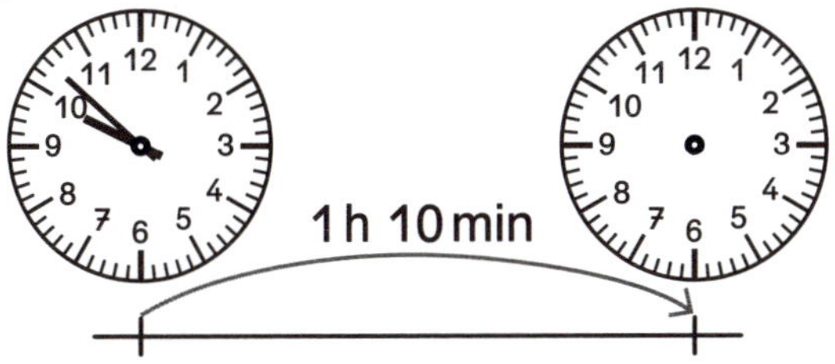

_____ Uhr   _____ Uhr

4 Trage ein.

a) _____ Uhr ←3 h— 10.37 Uhr
_____ Uhr ←5 h 20 min— 18.54 Uhr

b) 9.13 Uhr —4 h→ _____ Uhr
14.24 Uhr —2 h 30 min→ _____ Uhr

⋆ berechnen Anfangs- und Endzeitpunkte
⋆ nutzen die Operatordarstellung

1 Majas Bus zur Schule fährt ab 7.00 Uhr alle 25 Minuten.

a) Berechne die Abfahrtszeiten bis 12.00 Uhr.

7.00 Uhr —25 min→ ______ ______ —25 min→ ______
______ —25 min→ ______ ______ —25 min→ ______
______ —25 min→ ______ ______ —25 min→ ______
______ —25 min→ ______ ______ —25 min→ ______
______ —25 min→ ______ ______ —25 min→ ______
______ —25 min→ ______ ______ —25 min→ ______

b) Auf dem Rückweg fährt der Bus an der Schule um 11.50 Uhr ab, danach alle 14 Minuten. Berechne die Abfahrtszeiten zwischen 12.00 Uhr und 14.10 Uhr.

11.50 Uhr —14 min→ ______ ______ —14 min→ ______
______ —14 min→ ______ ______ —14 min→ ______
______ —14 min→ ______ ______ —14 min→ ______
______ —14 min→ ______ ______ —14 min→ ______
______ —14 min→ ______ ______ —14 min→ ______

2 Die Badezeit im Hallenbad beträgt 1 h 30 min.

a) Berechne, wann Lisa bei folgenden Eintrittszeiten das Schwimmbad wieder verlassen muss:

13.30 Uhr —1 h 30 min→ ______ 14.50 Uhr —______→ ______
12.23 Uhr —______→ ______ 11.38 Uhr —______→ ______

b) Berechne, wann Lisa frühestens ihre Karte lösen kann, wenn sie zu folgenden Zeiten das Schwimmbad verlassen möchte:

7.45 Uhr ←1 h 30 min— 9.15 Uhr ______ ←______— 12.40 Uhr
______ ←______— 19.08 Uhr ______ ←______— 17.32 Uhr

* berechnen Anfangs- und Endzeitpunkte und notieren Ergebnisse auch in gemischter Schreibweise
* nutzen die Operatordarstellung als Hilfe beim Lösen von Sachaufgaben

1 Berechne in Schritten, wie viele Minuten vergangen sind.

a) 

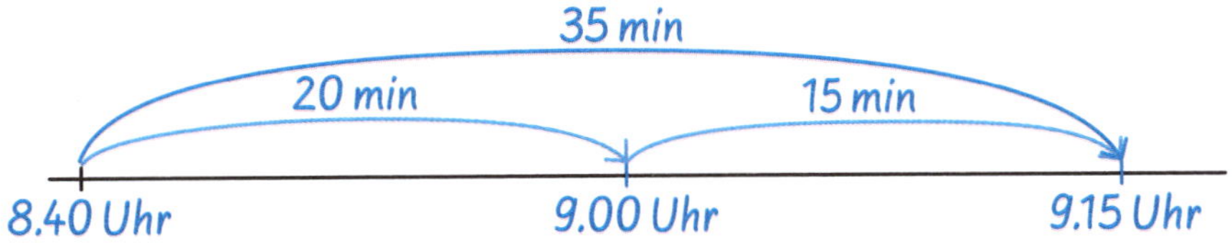

b) 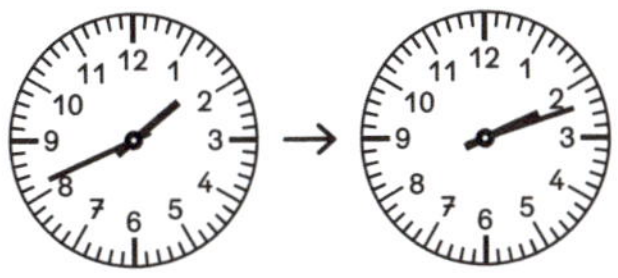

c) 9.35 Uhr → 10.12 Uhr

d) 14.37 Uhr → 15.18 Uhr

2 Schreibe auf, wie viele Stunden und Minuten vergangen sind. Du kannst schrittweise rechnen und deine Rechenschritte in einem Pfeilbild darstellen.

a) 9.05 Uhr → 14.15 Uhr

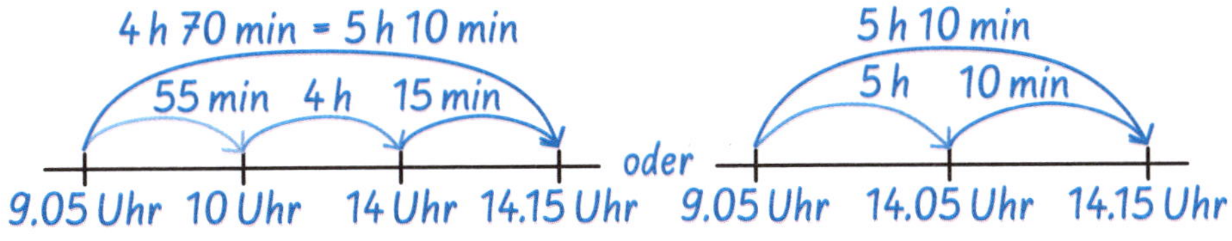

b) 16.50 Uhr → 23.20 Uhr

c) 14.35 Uhr → 20.55 Uhr

d) 15.38 Uhr → 18.22 Uhr

* berechnen Zeitspannen und berücksichtigen dabei die Besonderheit des Größenbereichs Zeit
* verwenden Skizzen zum Bestimmen von Zeitspannen in mehreren Schritten

1 Wie lange dauern die Fahrten mit dem Auto und dem Zug? Zeichne Pfeilbilder.

a) Auto: __ h ___ min

7.50 Uhr → 12.20 Uhr

b) Zug: __ h ___ min

9.32 Uhr → 14.18 Uhr

2 Schreibe die Rechnungen als Pfeilbilder und beantworte die Fragen.

a) Tim war ab 14.45 Uhr auf dem Sportplatz. Lea kommt um 15.20 Uhr.
Wie lange ist Tim schon da?

b) Das Fußballspiel beginnt um 16.10 Uhr und dauert mit Pause 1 h 50 min.
Wann ist Spielende?

3 Erfinde selbst weitere Rechengeschichten und bitte ein anderes Kind, diese zu lösen.

Seite 52 Aufgabe 3
...

* berechnen Zeitspannen und berücksichtigen dabei die Besonderheit des Größenbereichs Zeit
* verwenden Skizzen zum Bestimmen von Zeitspannen in mehreren Schritten
* nutzen selbstständig Skizzen als Bearbeitungshilfen zur Lösung von Sachaufgaben

→ Ü Seite 30

1 Bestimme jeweils die Zeitdauer. Zeichne ein Pfeilbild.
Schreibe die berechnete Zeitdauer auch in Wochen und Tagen auf.

a) 18.1. bis 12.3.

53 Tage, das sind 7 Wochen und 4 Tage oder
54 Tage, das sind 7 Wochen und 5 Tage, wenn der Februar 29 Tage hat.

b) 22.4. bis 18.6.

22.4.

c) 17.3. bis 22.5.

17.3.

d) 23.11. bis 8.3.

23.11.

2 Bestimme genauso.

a) von heute bis Heiligabend

24.12.

b) von heute bis zu deinem Geburtstag

3 Zeichne die Skizzen auf ein Blatt und bestimme auf die gleiche Weise.

a) dein Alter in Monaten

b) deine bisherige Schulzeit (mit Ferien) in Wochen

* berechnen Angaben zur Zeitdauer in Tagen, Wochen und Monaten
* verwenden Skizzen zum Bestimmen der Zeitdauer in mehreren Schritten
* nutzen selbstständig Skizzen beim Lösen von Sachaufgaben

Informationen aus Fahrplan und Tabelle entnehmen

1 Ergänze die fehlenden Angaben. Die Informationen dazu findest du im Ausschnitt des Abfahrts-Plans des Stuttgarter Hauptbahnhofs.

a) Um ________ Uhr fährt ein Zug nach Zürich ab.

b) Dieser Zug ist um ________ Uhr in Singen.

c) In den Zügen mit den Nummern ________ und ________ kann ich im Restaurant essen.

d) Die Fahrt von Stuttgart nach München dauert

____

e) Zwischen 13.00 Uhr und 13.51 Uhr fahren ____ Züge auf Gleis 5 ab.

f) Es fahren insgesamt ____ Züge, bei denen ich eine ICE-Fahrkarte benötige.

g) Nach Frankfurt zum Flughafen kann ich mit dem Zug Nr. ________ und mit dem Zug Nr. ________ fahren.

h) Nach Mailand (Milano) fährt in Stuttgart der Zug Nr. ________ um ________ Uhr auf Gleis ____ ab.

i) Wenn ich nach Konstanz möchte, kann ich um 13.47 Uhr abfahren. In Singen muss ich um ________ Uhr umsteigen.

Zeit Time	Zug Train	Richtung Destination	Gleis Track
13.00			
13.02 ✕ außer Sa	**RB** 19207	Bad Cannstadt 13.06 – Esslingen 13.13 – Plochingen 13.20 Göppingen 13.45 – Süßen 13.55 – **Geislingen 14.08**	**12**
13.07	**RE** 4958	Ludwigsburg 13.17 – Bietigheim 13.25 – Heilbronn 13.46 ⊚ Osterburken 14.26 – Lauda 14.49 – **Würzburg 15.20**	✕ außer Sa = **5**; Sa, † = **7**
13.12	**ICE** 595	Ulm 14.06 – Augsburg 14.49 – Mü Pasing 15.21 – **München 15.33** ⊚	**15**
13.14	**IC** 2012	***ALLGÄU*** Heidelberg 13.53 – Mannheim 14.06 – Mainz 14.46 – Bingen 15.04 – Koblenz 15.41 – Andernach 15.54 – Remagen 16.06 – Bonn 16.20 – Köln 16.42 – Düsseldorf 17.10 – Duisburg 17.28 – Mühlheim/R 17.35 – Essen 17.43 – Bochum 17.53 – **Dortmund 18.06** ⊚	**8**
13.22	**RE** 19445	Bad Cannstadt 13.26 ⊚ Schorndorf 13.44 – Schwäbisch Gmünd 14.04 – **Aalen 14.25**	**14**
13.27 außer Sa*	**ICE** 576	Mannheim 14.05 – Frankfurt ✈ (Airport) 14.38 – Frankfurt 14.53 – Kassel-Wilhelmshöhe 16.20 – Göttingen 16.40 – Hannover 17.16 – Hamburg Hbf 18.35 ⊚ Neumünster 19.25 – **Kiel 19.45** *nicht 2. Okt	**5**
13.47	**IC** 381	***INSUBRIA*** Horb 14.31 – Rottweil 15.06 – Singen 15.43 Schaffhausen 16.07 – Bülach 16.29 – Zürich Hbf 16.47 – Zug (CH) 17.31 – Arth-Goldau 17.48 – Bellinzona 19.36 – Lugano 20.03 – Chiasso 20.28 – Como S. Giovanni 20.52 – Monza 21.21 **Milano Centrale 21.35** ⊚ in Singen Anschluss nach Konstanz 16.14	**6**
13.51	**ICE** 518	Mannheim 14.26 – Frankfurt ✈ (Airport) 15.06 – Siegburg/Bonn 15.46 – Köln 16.06 – Düsseldorf 16.32 – Duisburg 16.46 – Essen 16.58 – Bochum 17.09 – **Dortmund 17.21** ⊚	**9**

Zeichenerklärung

ICE	**InterCityExpress** Hochgeschwindigkeitszug; ICE-Fahrkarte notwendig
EC	**EuroCity** Internationaler Fernzug; IC/EC-Fahrkarte notwendig
RE	**RegionalExpress**
RB	**RegionalBahn**
	Zug mit Schlafwagen
	Zug mit Liegewagen
	Zug mit Restaurant
	Zug mit Fahrradwagen
✕	an Werktagen
†	an Sonntagen und nachfolgenden Feiertagen

2 Ergänze die Tabelle.

	IC 321	RE 1942	ICE 516	IC 2102
Abfahrt	15.45 Uhr	20.31 Uhr		5.43 Uhr
Fahrzeit	55 min		1 h 55 min	2 h 30 min
Ankunft		21.12 Uhr	10.15 Uhr	

3 Schreibe Informationen in dein Heft, die du der Tabelle aus Aufgabe **2** entnehmen kannst.

Seite 54 Aufgabe 3
...

* entnehmen relevante Daten aus Fahrplan und Tabelle
* erschließen sich und berechnen aus verschiedenen Quellen Daten, die nicht direkt ablesbar sind
* lösen Sachsituationen mit Größen

1 Tim möchte mit seiner Mutter zwischen 13.00 und 14.00 Uhr von Stuttgart nach Mannheim fahren. Schreibe auf, welche Züge sie nutzen können und wie lange die Fahrzeit jeweils ist.

Zug	Abfahrt	Gleis	Fahrzeit

2 Sie entscheiden sich für den IC 2012 und warten am Gleis 8. Die Bahnhofsuhr zeigt:

Wie lange müssen sie noch warten?

3 Tim hört die Durchsage:

„Achtung! Achtung! Der IC nach Dortmund, planmäßige Ankunft 13.09 Uhr, hat voraussichtlich 15 Minuten Verspätung.“

Besprich mit einem anderen Kind die Fragen, die Tim nun durch den Kopf gehen, und beantworte sie.

a) Wann fährt der verspätete Zug ab?

b) Wie lange müssen wir noch warten?

c) Wie viel Zeit vergeht normalerweise zwischen Ankunft und Abfahrt des Zuges?

d) Sollen wir lieber einen anderen Zug nehmen?

e) Warum möchte die Mutter wohl keinen anderen Zug nehmen?

f) Was heißt „ICE-Zuschlag“?

g) Tims Tante will sie in Mannheim vom Bahnhof abholen. Tim bittet seine Mutter, die Tante anzurufen. Welche neue Ankunftszeit kann sie ihr mitteilen?

4 Erfinde selbst eine ähnliche Geschichte. Du kannst den Fahrplan verwenden oder dir eine Situation ausdenken, die zu deinem Wohnort passt. Suche dir ein anderes Kind. Stellt euch gegenseitig eure Geschichten vor und beantwortet die Fragen.

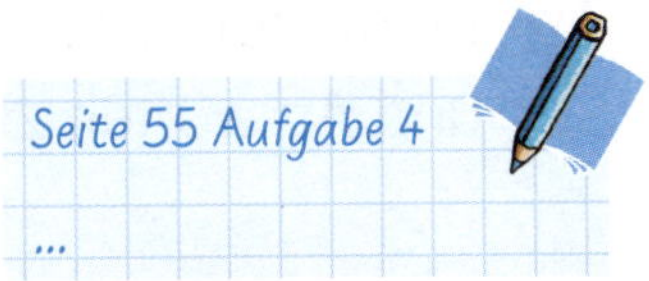

* erkennen funktionale Beziehungen in alltagsnahen Sachsituationen und nutzen diese zur Lösung entsprechender Aufgaben

Mit der Zeitdauer rechnen

Tims Stundenplan

	Montag	Dienstag	Mittwoch	Donnerstag	Freitag
8.00 – 8.45 Uhr	Deutsch	Mathematik	Kunst	Sachunterricht	Deutsch
8.45 – 9.30 Uhr	Sachunterricht	Sachunterricht	Englisch	Mathematik	Deutsch
9.30 – 9.45 Uhr			Pause		
9.45 – 10.30 Uhr	Mathematik	Deutsch	Deutsch	Deutsch	Mathematik
10.30 – 11.15 Uhr	Englisch	Musik	Mathematik	Deutsch	Religion
11.15 – 11.30 Uhr			Pause		
11.30 – 12.15 Uhr	Sport	Religion	Sport	Werken	Musik
12.15 – 13.00 Uhr	Sport	Förderunterricht	–	Werken	–

1 Beantworte die Fragen zu Tims Stundenplan.

Zur Lösung hilft dir folgendes Pfeilbild:

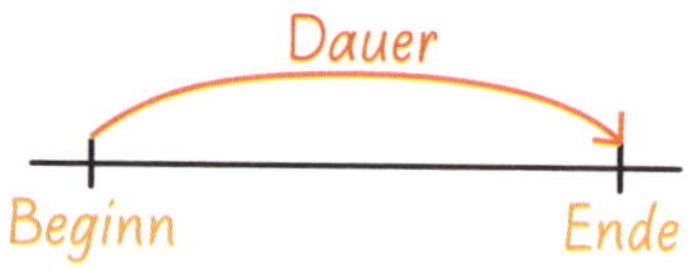

a) Wie lange dauert eine Unterrichtsstunde?

b) Wie lange dauert eine Pause?

c) Wie lange dauert der Deutschunterricht am Donnerstag?

d) Tims Schulweg dauert 20 min. Wann muss Tim zu Hause losgehen, um pünktlich in die Schule zu kommen?

e) Leas Schulweg dauert 15 min. Wann ist sie donnerstags (freitags) zu Hause?

f) Wie lange dauert der Unterricht am Montag und wie lange am Mittwoch?

g) Wie lange dauert der Unterricht am Donnerstag, wenn Werken ausfällt?

2 Finde gemeinsam mit einem anderen Kind weitere Fragen und Antworten zu deinem Stundenplan.

←
15 55 35

←
22 88 33 66

←
25 95 45 15 75

88 100 50

★ entnehmen Informationen zu Größen aus einer Tabelle
★ finden mathematische Lösungen zu Sachsituationen
★ formulieren mathematische Fragestellungen zu Sachsituationen

Skizzen als Lösungshilfen nutzen

1 Ole macht mit seiner Mutter eine Radtour. Die beiden starten um 9.00 Uhr. Nach einer Stunde machen sie eine Pause von 30 Minuten. Um 11.45 Uhr sind sie am Ziel.

Seite 57 Aufgabe 1
Nach der Pause mussten sie noch ... fahren.

Die Radtour kann man auch in einem Pfeilbild darstellen:

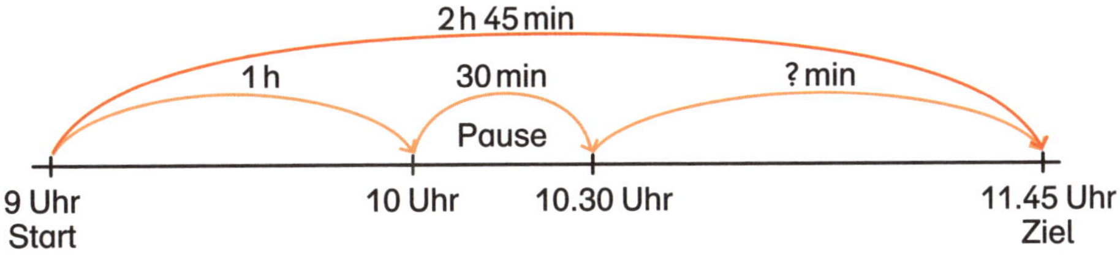

Jetzt kannst du leicht berechnen, wie lange sie nach der Pause noch fahren mussten.

2 Lisa fährt mit ihren Eltern in den Urlaub. Nach drei Stunden machen sie eine Pause von 45 Minuten. Nach weiteren zwei Stunden Fahrt kommen sie endlich um 14.00 Uhr am Urlaubsort an.

Seite 57 Aufgabe 2
...

Bestimme, wann die Familie losgefahren ist.
Zeichne zu Lisas Urlaubsfahrt ein Pfeilbild.

3 Familie Müller aus Stuttgart trifft sich mit Familie Maier aus München zu einem gemeinsamen Urlaub am Bodensee. Beide Familien wollen um 14.30 Uhr dort ankommen. Herr Maier möchte auf jeden Fall eine Pause machen, da er mit 2 Stunden und 45 Minuten reiner Fahrzeit rechnet. Familie Müller nutzt die Urlaubsfahrt zu einem Besuch bei Oma. Sie planen dort einen 2-stündigen Aufenthalt. Um 10.45 Uhr fahren sie in Stuttgart los.

Zeichne für jede Familie Pfeilbilder und beantworte die Fragen:

a) Wie lange kann Familie Maier Pause machen, wenn sie um 11.10 Uhr zu Hause losfährt?

Seite 57 Aufgabe 3
a) ...

b) Mit welcher reinen Fahrzeit plant Herr Müller?

c) Überlege mögliche Gründe, warum Familie Müller erst um 14.50 Uhr am Bodensee ankommt.

d) Besprich deine Ergebnisse mit einem anderen Kind.

Einem Übersichtsplan Informationen entnehmen

Stichtagsregelung Saison 2016/2017

Jugendklasse	Jahrgänge	Spielzeit pro Begegnung	bei Turnieren maximal pro Tag
G-Junioren/-innen	1. Januar 2010 und jünger	2 x 20 Minuten	80 Minuten
F-Junioren/-innen	1. Januar 2008 bis 31. Dezember 2009 (2 Jahre)	2 x 20 Minuten	80 Minuten
E-Junioren/-innen	1. Januar 2006 bis 31. Dezember 2007 (2 Jahre)	2 x 25 Minuten	100 Minuten
D-Junioren/-innen	1. Januar 2004 bis 31. Dezember 2005 (2 Jahre)	2 x 30 Minuten	120 Minuten
C-Junioren/-innen	1. Januar 2002 bis 31. Dezember 2003 (2 Jahre)	2 x 35 Minuten	140 Minuten
B-Junioren/-innen	1. Januar 2000 bis 31. Dezember 2001 (2 Jahre)	2 x 40 Minuten	160 Minuten
A-Junioren/-innen	1. Januar 1998 bis 31. Dezember 1999 (2 Jahre)	2 x 45 Minuten	180 Minuten

1 Der Fußballverband macht Vorgaben für Jugendspiele.
Benutze die Tabelle und beantworte die Fragen.

a) Patrick ist am 18. August 2007 geboren.
In welcher Jugendklasse spielt er?

b) Wie groß ist der Unterschied in der Turnierspielzeit von F-Junioren und B-Junioren?
Rechne auch in Stunden und Minuten um.

c) Ein B-Junioren-Spiel hat um 13.30 Uhr begonnen.
Die Pause dauert 15 Minuten.
Wann ist das Spiel zu Ende?

d) Der Schiedsrichter hat ein Spiel um 13.45 Uhr angepfiffen und um 15.05 Uhr abgepfiffen.
Die Halbzeitpause dauerte 10 Minuten.
Zu welcher Jugendklasse gehören die Mannschaften?

e) Die F-Junioren und E-Junioren spielen nacheinander auf demselben Platz. Zwischen den Spielen ist eine Pause von 5 Minuten. Während jedes Spiels ist eine Halbzeitpause von 10 Minuten.
Wann sind beide Spiele beendet, wenn das erste Spiel um 12.45 Uhr angepfiffen wurde?

f) Finde selbst weitere Fragen und beantworte sie.

g) Besprich deine Ergebnisse mit einem anderen Kind.

Seite 58 Aufgabe 1
f) ...

* entnehmen einer Tabelle relevante Informationen und setzen sie zueinander in Beziehung
* formulieren mathematisch sinnvolle Fragen und Aufgabenstellungen zu einer Tabelle und begründen ihre Antwort

Monat	Tag	Wochentag	Sonnenaufgang (SA)	Sonnenuntergang (SU)
Januar	21	Samstag	SA 8:04	SU 16:32
Februar	21	Dienstag	SA 7:11	SU 17:30
März	21	Mittwoch	SA 6:05	SU 18:22
April	21	Samstag	SA 5:54	SU 20:17
Mai	21	Montag	SA 5:01	SU 21:06
Juni	21	Donnerstag	SA 4:43	SU 21:33
Juli	21	Samstag	SA 5:10	SU 21:14
August	21	Dienstag	SA 6:00	SU 20:18
September	21	Freitag	SA 6:51	SU 19:06
Oktober	21	Sonntag	SA 7:44	SU 17:57
November	21	Mittwoch	SA 7:40	SU 16:05
Dezember	21	Freitag	SA 8:15	SU 15:54

1 Auf den Kalenderblättern ist für die dargestellten Tage angegeben, wann die Sonne aufgeht (Sonnenaufgang – SA) und wann die Sonne untergeht (Sonnenuntergang – SU). Am 21. Juni ist Sommersonnenwende, am 21. Dezember ist Wintersonnenwende.

a) Schreibe auf, an welchem Tag die Sonne am frühesten aufgeht und am spätesten untergeht. Bestimme die Zeitdauer zwischen Sonnenauf- und Sonnenuntergang.

b) Schreibe auf, an welchem Tag die Sonne am spätesten aufgeht und am frühesten untergeht. Bestimme die Zeitdauer zwischen Sonnenauf- und Sonnenuntergang.

c) Bestimme die Zeitdauer des möglichen Sonnenscheins für den 21. deines Geburtsmonats.

d) Schreibe Sonnenaufgang und Sonnenuntergang sowie die Tageslänge für den heutigen Tag auf. Angaben findest du in vielen Kalendern, der Zeitung und dem Internet (z. B. www.kalender-365.eu).

2 Markiere Sonnenaufgang und Sonnenuntergang für die angegebenen Tage. Färbe die „Nachtzeiten“ ein.

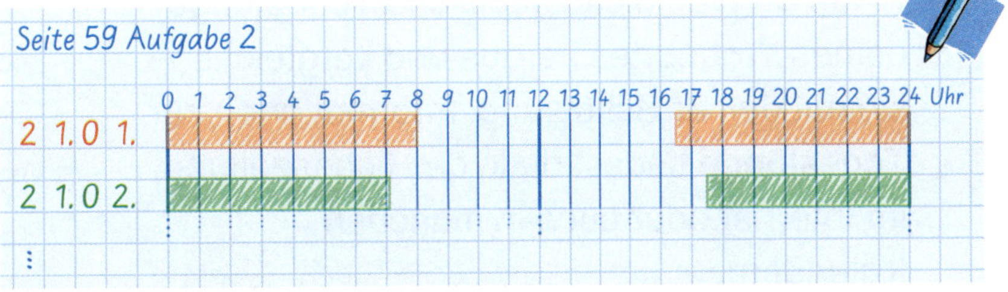

⋆ entnehmen einer Darstellung relevante Informationen und setzen sie zueinander in Beziehung
⋆ übertragen Informationen in eine andere Darstellung
⋆ finden selbstständig weitere Informationen durch Recherchieren unter Nutzung verschiedener Medien

Sonnenaufgang (SA) und Sonnenuntergang (SU) in Oslo (Norwegen)

Tag	SA	SU	Tag	SA	SU
21. Januar	8.56 Uhr	16.00 Uhr	21. Juli	4.32 Uhr	22.12 Uhr
21. Februar	7.42 Uhr	17.20 Uhr	21. August	5.45 Uhr	20.54 Uhr
21. März	6.17 Uhr	18.33 Uhr	21. September	6.57 Uhr	19.21 Uhr
21. April	5.44 Uhr	20.48 Uhr	21. Oktober	8.09 Uhr	17.52 Uhr
21. Mai	4.27 Uhr	22.00 Uhr	21. November	8.27 Uhr	15.36 Uhr
21. Juni	3.53 Uhr	22.43 Uhr	21. Dezember	9.17 Uhr	15.11 Uhr

1 Ergänze die Aussagen für Oslo.

a) Die Sonne geht am ____________________ am frühesten auf.

b) Am ____________________ geht sie am spätesten auf.

c) Die Sonne geht am ____________________ am frühesten unter.

d) Am ____________________ geht sie am spätesten unter.

e) Der längste Tag ist der ____________________.

f) Der kürzeste Tag ist der ____________________.

2 Berechne für die angegebenen Tage die Tageslänge und zeichne sie als Balken ein.

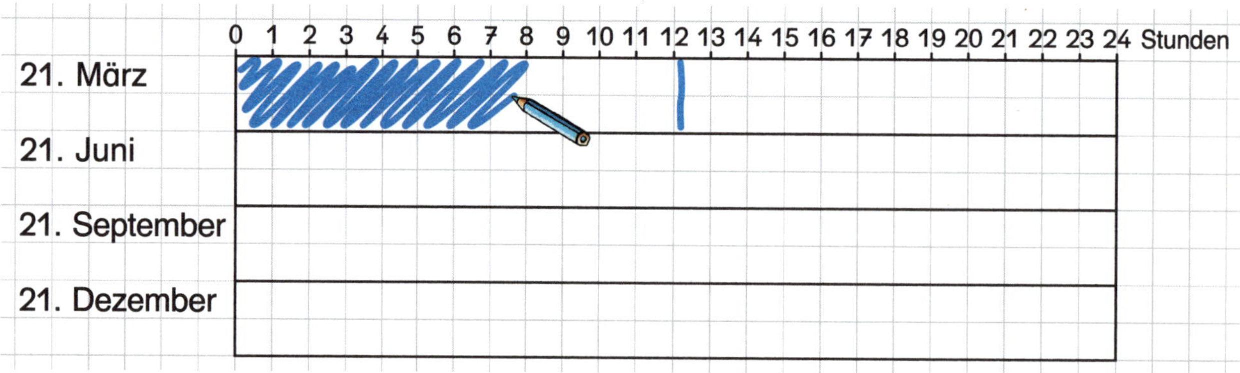

3 Schätze die Länge des heutigen Tages. Finde danach die tatsächliche Tageslänge deines Wohnortes heraus und vergleiche sie mit deiner Schätzung. Informationen zur Tageslänge findest du in der Tageszeitung, im Internet oder auch in manchen Kalendern.

* entnehmen einer Darstellung relevante Informationen und setzen sie zueinander in Beziehung
* übertragen Informationen in eine andere Darstellung
* finden selbstständig weitere Informationen durch Recherchieren unter Nutzung verschiedener Medien

Die Erde dreht sich im Laufe eines Tages einmal um sich. Dadurch entstehen die Tageszeiten. Möglichst überall soll der höchste Sonnenstand etwa um 12.00 Uhr Mittag sein. Deshalb ist die Erdoberfläche in 24 Zeitzonen eingeteilt.

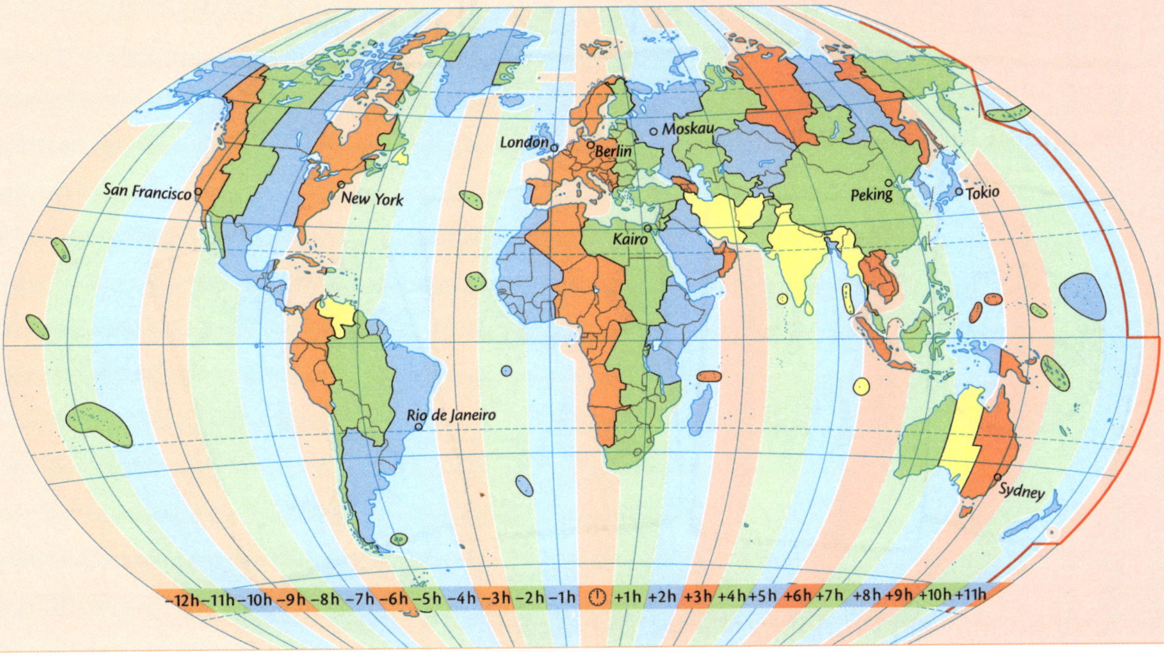

1 Wie spät ist es an den anderen abgebildeten Orten, wenn es in Berlin 10.00 Uhr ist? Schreibe die Zeiten auf.

San Francisco: *1.00 Uhr* ______ London: ______ Peking: ______

New York: ______ Kairo: ______ Tokio: ______

Rio de Janeiro: ______ Moskau: ______ Sydney: ______

2 Bestimme die Zeiten.

a) Ein Flug von Berlin nach New York dauert etwa neun Stunden. Die Maschine fliegt um 9.30 Uhr in Berlin ab. Wie spät ist es in New York bei der Landung? ______

b) Wie lange dauert der Flug von Berlin nach Moskau, wenn das Flugzeug um 8.25 Uhr in Berlin startet und um 13.05 Uhr Ortszeit in Moskau landet? ______

c) Das Überschallflugzeug Concorde flog 1996 in der Rekordzeit von 2 Stunden 53 Minuten von London nach New York. Wann landete es in New York, wenn es um 9.30 Uhr gestartet war? ______

3 Trage die fehlenden Uhrzeiten ein.

Peking	12.00		21.15			
Rio de Janeiro	*1.00*	9.00			16.30	
Kairo	6.00			20.10		12.15

* wenden bei fachübergreifenden Themen mathematische Kenntnisse und Vorgehensweisen an
* entnehmen einer Zeitzonendarstellung Daten und ziehen sie zur Beantwortung mathematikhaltiger Fragen heran

Mit Zeitangaben umgehen – ein Spiel entwerfen

Anregungen für ein Domino

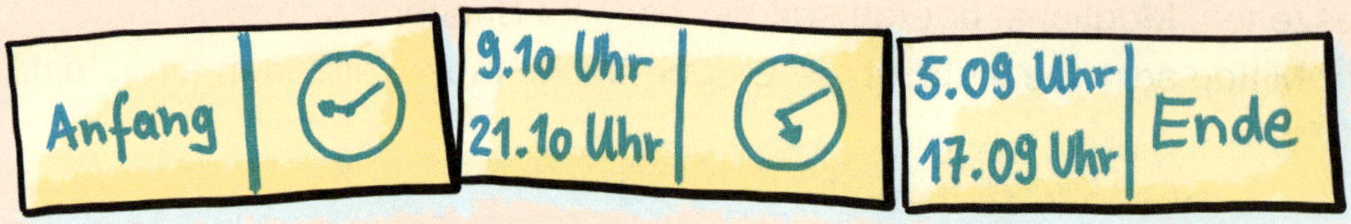

Anregungen für ein Quartettspiel

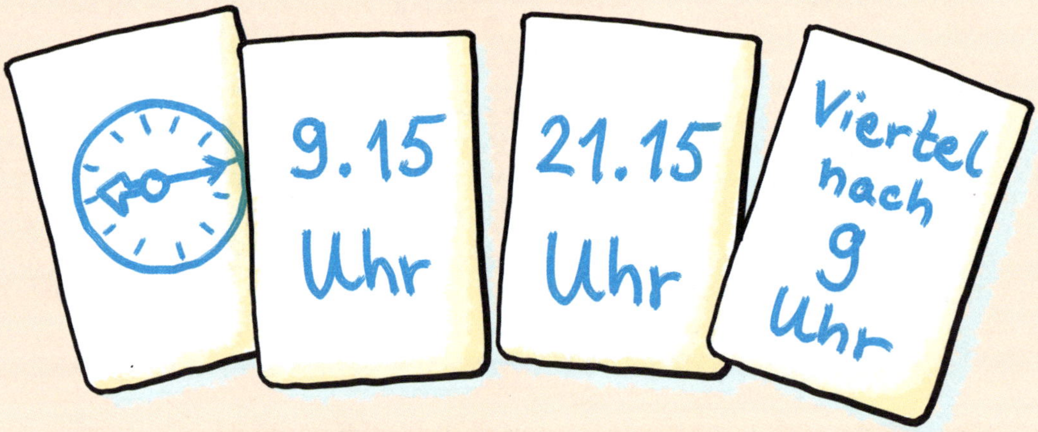

Anregungen für ein Würfelspiel mit Ereigniskarten

1 Entwirf allein oder zusammen mit einem oder mehreren anderen Kindern ein Spiel, bei dem Inhalte zum Thema Uhrzeiten und Zeitdauer geübt werden können. Du kannst die Anregungen aufgreifen oder eigene Ideen umsetzen.

2 Erprobt das Spiel mit anderen Kindern und stellt es anschließend in der Klasse vor.

← 26 41 32 ← 54 17 38 42 ← 35 21 79 56 42 77 96 58

* entwickeln eigene Spielideen, erproben und präsentieren sie

Projektidee: Fernsehgewohnheiten vergleichen

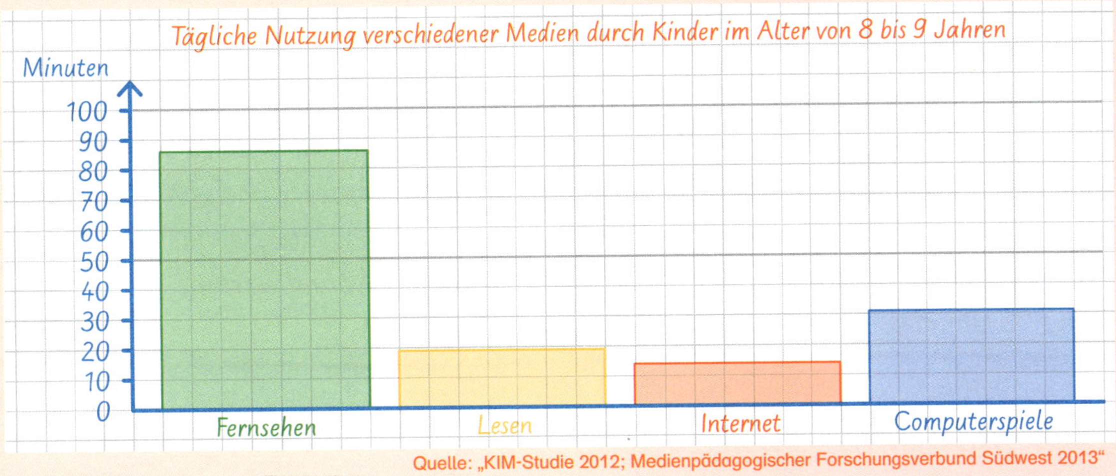

Quelle: „KIM-Studie 2012; Medienpädagogischer Forschungsverbund Südwest 2013"

1 Wertet das Säulendiagramm gemeinsam aus.

a) Vergleicht die Zahlen zur Nutzung von Fernsehen, Büchern, Internet und Computerspielen.

b) Was bedeutet: „tägliche Nutzungsdauer"?

c) Wie viele Stunden sind das ungefähr insgesamt?

d) Warum ist die Zeit beim Fernsehen am längsten?

2 Führe eine Befragung durch.

a) Befrage mindestens 5 Kinder in deiner Klasse nach ihren Fernsehzeiten am Vortag. Du kannst nach Anfang und Ende fragen und die Fernsehdauer selbst berechnen oder gleich nach der Fernsehdauer fragen. Du kannst dazu auch einen Fragebogen erstellen, für gestern oder eine ganze Woche.

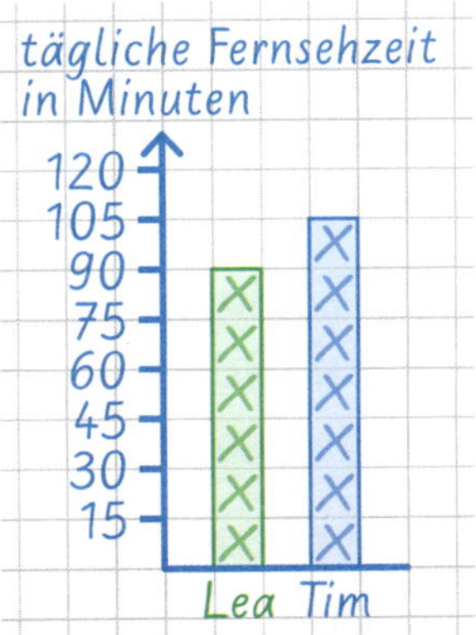

b) Stelle deine Befragungsergebnisse auf einem Plakat dar. Wähle eine geeignete Darstellungsform.

c) Vergleiche deine Befragungsergebnisse mit der Fernsehdauer der Kinder in Aufgabe 1. Welche Gemeinsamkeiten und welche Unterschiede kannst du feststellten?

* sammeln Daten aus der unmittelbaren Lebenswirklichkeit und stellen sie in Diagrammen dar
* entnehmen einem Diagramm Daten, setzen sie zu ihren selbst gewonnenen Daten in Beziehung, ziehen Schlussfolgerungen und leiten Bewertungen ab

Mit Texten von Rechengeschichten umgehen

1

> *Mein Schulweg*
> *Ich fahre mit dem Bus zur Schule, mit der Linie 9. Vier Kinder aus meiner Klasse fahren auch mit diesem Bus. Von zu Hause bis zur Bushaltestelle muss ich zehn Minuten zu Fuß gehen. Der Bus fährt um 7.25 Uhr ab. Von der Bushaltestelle bis zur Schule laufe ich noch einmal fünf Minuten. Insgesamt bin ich 15 Minuten mit dem Bus unterwegs. An den Haltestellen hält der Bus immer nur kurz, nur an einer Stelle muss er zwei Minuten auf die S-Bahn warten.*
> *Um 7.55 Uhr muss ich in der Schule sein.* *Maja*

a) Lies den Text und beantworte folgende Fragen:
- Wie lange muss der Bus auf die S-Bahn warten?
- Wann muss Maja in der Schule sein?
- Wann fährt der Bus an Majas Bushaltestelle ab?

b) Finde selbst weitere Fragen, zu denen du die Antworten im Text findest. Schreibe Fragen und Antworten in dein Heft.

Seite 64 Aufgabe 1
a) – Der Bus wartet 2 Minuten.
⋮
b) ...
c) Abfahrtszeit: 7.25 Uhr
Fahrzeit: ...

c) Vereinfache den Text: Wandle ihn in eine Kurz-Information um. Verwende dazu folgende Stichworte: Abfahrtszeit, Fahrzeit, Gehzeit, Ankunftszeit.

d) Beantworte mithilfe der Kurz-Information weitere Fragen:
- Wann muss Maja spätestens aus dem Haus gehen?
- Wie lange ist Maja morgens zu Fuß unterwegs?
- Wie lange sitzt Maja täglich im Bus?

e) Besprich mit einem Partnerkind, wie die Informationen zu Majas Schulweg in einem Pfeilbild oder in einer Tabelle dargestellt werden können. Begründet, in welcher Darstellung die Informationen am besten zu erkennen sind.

2 Schreibe allein oder mit einem Partner eine Rechengeschichte.

a) Übertrage den Anfang folgender Rechengeschichte in dein Heft und setze sie fort:

Alle Klassen unserer Schule machen einen Ausflug. Die Kinder und Lehrerinnen und Lehrer der Schule gehen mit. Außerdem ist aus jeder Klasse eine Mutter oder ein Vater dabei …

Seite 64 Aufgabe 2
a) Alle Klassen unserer Schule machen ...
b) ...

Beachtet: Eine Rechengeschichte enthält Zahlenangaben und deutlich gestellte oder versteckte Fragen. Die Zahlen kannst du aus deiner Schule übernehmen.

b) Wandelt eure Geschichte in eine Kurz-Information um.

c) Schreibt Fragen und passende Antworten auf.

* entnehmen Texten sachrelevante Informationen und formulieren dazu mathematische Fragestellungen
* erweitern und verkürzen Sachsituationen
* finden durch die Variation von gegebenen Aufgaben eigene Aufgaben und Fragestellungen